Alexandre Dumas

La San Felice

Historischer Roman aus der Zeit Neapels während der Franzosen - Herrschaft

Alexandre Dumas

La San Felice

Historischer Roman aus der Zeit Neapels während der Franzosen - Herrschaft

ISBN/EAN: 9783741166839

Hergestellt in Europa, USA, Kanada, Australien, Japan

Cover: Foto ©Andreas Hilbeck / pixelio.de

Manufactured and distributed by brebook publishing software
(www.brebook.com)

Alexandre Dumas

La San Felice

Erstes Capitel.

Das freie Gastmahl.

Dieser Abend, welcher den Cardinal über das aufklärte, was zur Verzweiflung getriebene Menschen auszurichten vermögen, setzte ihn in Schrecken.

Er hatte die ganze Nacht den Wiederhall jenes Musketenfeuers gehört, ohne jedoch zu wissen, wovon die Rede war.

Bei Tagesanbruch erfuhr er zu seinem Schrecken das in der Nacht stattgehabte Blutbad. Er stieg sofort zu Pferde, und wollte sich selbst genaue Kenntniß von den Vorgängen der Nacht verschaffen.

Demzufolge erreichte er, von Cesare, Malaspina, Lamarra und zweihundert Mann seiner besten Cavalleristen begleitet, das Thor des heiligen Januarius passirend, die Strada Foria, ritt mitten durch die auf dem Largo delle Pigne stehenden Sanfedisten hindurch und durch die Strada dei Studi weiter nach der Toledostraße.

Auf dem Largo Spirito ward er von Fra Diavolo und Mammone empfangen und sah an den düsteren Mienen der beiden Anführer sofort, daß der Bericht über die von den Sanfedisten erlittenen Verluste durchaus nicht übertrieben war.

Man hatte noch nicht Zeit gehabt, die Todten wegzuschaffen und das Blut fortzuschwemmen.

Dumas, San Felice. III.

Als der Cardinal auf dem Largo della Carità ankam, wollte sein Pferd nicht weiter, denn es hätte keinen Schritt thun können, ohne auf einen Todten zu treten.

Der Cardinal machte Halt, stieg ab, trat in das Kloster Monte Oliveto und schickte Lamarra und Cesare auf Entdeckung aus, indem er ihnen zugleich bei Strafe seiner Ungnade befahl, ihm nichts zu verschweigen.

Mittlerweile rief er Fra Diavolo und Mammone zu sich und befragte sie über die Ereignisse in der Nacht.

Von dem, was in der Toledostraße vorgegangen war, wußten sie noch gar nichts.

Der Mangel an Zusammenhang, der zwischen den verschiedenen sanfedistischen Corps bestand, hielt die Communicationen ab, das zu sein, was sie bei einer regulären Armee gewesen wären.

Die beiden Anführer erzählten, daß sie gegen drei Uhr Morgens von einer Rotte Teufel angegriffen worden seien, die, ohne daß sie gewußt, woher dieselbe käme, und in dem Augenblick, wo sie es am wenigsten geahnt, über sie hergefallen wäre.

Ihre unversehens angegriffenen Leute hatten keinen Widerstand geleistet und der Cardinal hatte das Resultat dieses Ueberfalls gesehen.

Die Republikaner waren übrigens verschwunden wie ein Traum, nur hatte dieser Traum zum Beweis seiner Wirklichkeit einhundertundfünfzig Feinde auf dem Schlachtfeld zurückgelassen.

Der Cardinal runzelte die Stirne.

Dann kamen Cesare und Lamarra ihrerseits.

Die Nachrichten, die sie brachten, lauteten ebenfalls sehr schlimm.

Lammara meldete, daß das der sunfediftischen Coalition angehörige albanesische Bataillon vom ersten bis auf den letzten Mann niedergemacht worden sei.

Cesare hatte erfahren, daß von dem Posten und der Batterie in der Chiaja nur noch neun Mann übrig waren.

Die von dem englischen Kriegsschiff gelieferten vier Kanonen waren vernagelt und folglich unbrauchbar, und die russischen Artilleristen hatten sich bei ihren Geschützen niedermachen lassen.

Nun hatte in derselben Nacht, das heißt in der so eben verflossenen, der Cardinal durch einen Boten, der in Salerno an's Land gestiegen war, den vom 14. Juni datirten Brief der Königin erhalten, in welchem Briefe die Königin ihm sagte, daß Nelson's Flotte, nachdem sie Palermo verlassen, um den Thronerben nach Ischia zu bringen, zurückgekehrt sei, um denselben Thronerben auf die von Nelson empfangene Nachricht, daß die französische Flotte von Toulon ausgelaufen sei, wieder ans Land zu setzen.

Es war allerdings nicht sehr wahrscheinlich, daß diese Flotte nach Neapel käme; dennoch aber war es möglich, und dann wäre Ruffo's Unternehmen verloren gewesen.

Ueberdies konnte etwas, was schon einmal geschehen war, auch zum zweiten Male geschehen.

Nach der Einnahme von Cotrone war die Plünderung so ergiebig gewesen, daß drei Viertel der Sanfediften, die sich nun genugsam bereichert zu haben glaubten, mit Waffen, Gepäck und Beute desertirt waren.

4

Nun aber war die Hälfte von Neapel bereits durch die Lazzaroni geplündert und die sanfedistische Armee konnte nicht annehmen, daß die andere Hälfte der Gefahren verlohne, welchen ein jeder sich aussetzte, wenn er blieb. Der Cardinal machte sich keine Täuschung. Seine Armee war mehr eine Rotte hungriger Raben, Wölfe und Geier, als ein Heer von Kriegern, welche für den Triumph einer Idee oder eines Princips kämpfen.

Das Erste, was man zu thun hatte, war daher, dem Plündern der Lazzaroni Einhalt zu thun, damit auf alle Fälle noch etwas für die übrigbliebe, welche einen Marsch von hundert Meilen in der Hoffnung gemacht, selbst zu plündern.

Demzufolge und seinen Entschluß mit der Schnelligkeit der Ausführung fassend, welche eine der hervorragendsten Seiten seines Genies war, ließ der Cardinal sich Feder, Tinte und Papier bringen und verfaßte eine Proclamation, in welcher er das fernere Plündern und Morden auf's Strengste untersagte und zugleich versprach, daß den Insurgenten, welche sofort die Waffen niederlegten, nichts zu Leide geschehen solle, denn es sei Absicht des Königs, ihnen volle und unumschränkte Amnestie zu gewähren.

Man wird zugeben, daß es schwer ist, dieses Versprechen mit den strengen Befehlen des Königs und der Königin in Bezug auf die Rebellen zu vereinigen, wenn man nicht annehmen will, daß der Cardinal wirklich die Absicht hatte, kraft seiner Vollmacht als Alterego des Königs so viel Patrioten zu retten, als in seiner Macht stünde.

Die Folge bewies übrigens, daß dies in der That seine Absicht war.

Er setzte in seiner Proclamation noch hinzu, daß alle Feindseligkeiten gegen jedes Castell und jede Befestigung in dem Augenblick aufhören würde, wo sie zum Zeichen, daß sie die angebotene Amnestie annähmen, die weiße Fahne aufpflanzten, und er bürgte mit seiner Ehre für das Leben der Officiere, welche zu ihm kommen würden, um zu parlamentiren.

Diese Proclamation ward noch denselben Tag gedruckt und an allen Straßenecken, sowie an allen öffentlichen Plätzen der Stadt angeschlagen.

Da es leicht möglich war, daß die Patrioten von San Martino, wenn sie nicht in die Stadt herabkämen, von diesen neuen Verfügungen des Cardinals keine Kenntniß erhielten, so schickte er Scipio Lamarra mit einer weißen Fahne und von einem Trompeter begleitet zu ihnen, um ihnen diesen Waffenstillstand melden zu lassen.

Die Patrioten von San Martino, welche von ihrem Erfolg in der vergangenen Nacht und von dem erlangten Resultat noch ganz berauscht waren — denn sie zweifelten nicht, daß sie dieses friedliche Entgegenkommen des Cardinals ihrem Siege verdankten — antworteten, sie seien entschlossen, mit den Waffen in der Hand zu sterben und würden sich zu nichts verstehen, bevor nicht Ruffo und die Sanfedisten die Stadt geräumt hätten.

Aber auch diesmal war Salvato, der die Klugheit des Diplomaten mit dem Muthe des Soldaten verband, nicht der Meinung Manthonnet's, der im Namen seiner Cameraden beauftragt ward, eine ablehnende Antwort zu ertheilen.

Er begab sich mit den Vorschlägen des Cardinals

in der Hand zu dem legislativen Körper, und nachdem er
diesem den wahren Stand der Dinge auseinandergesetzt,
kostete es ihm keine große Mühe, ihn zu bestimmen, Conferenzen mit dem Cardinal zu eröffnen, weil diese Conferenzen, wenn sie zu einem Vertrag führten, das einzige
Mittel seien, den compromittirten Patrioten das Leben zu
retten.

Da die Castelle unter dem legislativen Körper standen,
so ließ demgemäß letzterer Massa, dem Commandanten des
Castello Nuovo, und Aurora, dem Commandanten des Castello d'Uovo, sagen, daß er, wenn sie nicht direct mit dem
Cardinal unterhandelten, in ihrem Namen selbst unterhandeln würde.

Etwas Derartiges konnte man jedoch Manthonnet
nicht befehlen, denn dieser hing, da er nicht in ein Fort
eingeschlossen war, sondern das Kloster San Martino be-
setzt hielt, nur von sich selbst ab.

Der legislative Körper forderte gleichzeitig Massa auf,
sich mit dem Commandanten des Castells San Elmo zu besprechen, nicht damit dieser dieselben Bedingungen erwäh-
ne, welche den Commandanten der neapolitanischen Castelle angeboten worden wären — in seiner Eigenschaft als
französischer Officier konnte er für sich allein und nach Gut-
dünken unterhandeln — sondern damit er die Capitulation
der anderen Festungen billige und den Tractat mit unter-
zeichne, weil seine Unterschrift mit Grund als eine Bürg-
schaft mehr für die Ausführung der Verträge zu betrachten
war, denn er war ganz einfach ein Feind, während die Anderen Rebellen waren.

Man antwortete demgemäß dem Cardinal, er habe

sich an die ablehnende Antwort der Patrioten von San Martino nicht zu kehren und die von ihm angebotene Amnestie sei angenommen.

Man ersuchte ihm demgemäß den Tag und die Stunde zu bestimmen, wo die Anführer der beiden Parteien zusammenkommen könnten, um die Grundlinien der Capitulation zu entwerfen.

Während dieses selben Tages, am 19. Juni, ereignete sich jedoch etwas, was sich schon längst hatte erwarten lassen.

Die Calabresen, die Lazzaroni, die Bauern, die Sträflinge und alle jene Raub- und Blutmenschen, welche Sciarpa, Mammone, Fra Diavolo, Panedigrano und anderen Banditen desselben Schlages folgten, um nach Herzenslust plündern und morden zu können, alle diese Menschen, mit einem Worte, beschlossen, als sie die Proclamation des Cardinals sahen, welche den Metzeleien und dem Sengen und Brennen ein Ziel setzte, diesem Befehl nicht zu gehorchen, sondern weiter zu plündern und zu morden.

Der Cardinal schauderte, als er fühlte, wie die Waffe, womit er bis jetzt gesiegt, seinen Händen entsank.

Er gab Befehl, den Gefangenen, welche man in die Gefängnisse bringen wolle, dieselben nicht mehr zu öffnen. Er verstärkte die russischen, türkischen und schweizerischen Corps, welche sich in der Stadt befanden, denn dieselben waren die einzigen, auf die er zählen konnte.

Nun begannen das Volk oder vielmehr die Mörder- und Räuberbanden, welche die Stadt in Flammen setzten und mit Blut überschwemmten, als sie sahen, daß die Gefängnisse vor den Gefangenen, welche sie dahin brachten, geschlossen blieben, sie ohne Richterspruch zu erschießen und aufzuknüpfen.

Die weniger Grausamen führten die ihrigen zu dem königlichen Commandanten in Ischia, hier aber fanden die Patrioten Speciale, welcher sich begnügte, Todesurtheile über sie zu fällen, ohne sie erst zu verhören, wenn er es nämlich nicht vorzog, sie, nm schneller mit ihnen fertig zu werden, ohne Richterspruch in's Meer werfen zu lassen.

Von der Höhe von San Martino, von der Höhe des Castello d'Uovo und von der Höhe des Castello Nuovo sahen die Patrioten mit Entsetzen und mit Wuth Alles, was in der Stadt, in dem Hafen und auf dem Meere vorging.

Empört über dieses Schauspiel standen die Patrioten schon im Begriff, wieder zu den Waffen zu greifen, als der Oberst Mejean, wüthend darüber, daß er weder mit dem Directorinm noch mit dem Cardinal Ruffo unterhandeln gekonnt, den Republikanern sagen ließ, er habe im Castell San Elmo fünf oder sechs Geißeln, die er ihnen ausliefern würde, wenn die Metzeleien nicht aufhörten.

Unter der Zahl dieser Geißeln befand sich ein Cousin des Chevalier Micheroux, Lieutenant des Königs, und ein dritter Bruder des Cardinals.

Man setzte Seine Eminenz von dem Stande der Dinge in Kenntniß.

Wenn die Metzeleien fortdauerten, so sollten eben so viel Geißeln, als man Patrioten gemordet hätte, von den Mauern des Castells San Elmo herabgestürzt werden.

Die gegenseitigen Meldungen wurden immer schlim-

mer und führten natürlich beide Parteien zu einem Vertil-
gungskriege. Es stand in keiner Weise zu bezweifeln, daß
muthige und verzweifelte Männer die von ihnen ange-
drohten Repressalien auch wirklich in Ausführung bringen
würden.

Der Cardinal begriff, daß kein Augenblick zu verlieren sei.

Er rief alle Anführer sämmtlicher unter seinem Commando stehenden Corps zusammen und bat sie, ihre Soldaten unter der strengsten Disciplin zu halten, indem er
ihnen zugleich, wenn ihnen dies gelänge, die glänzendsten
Belohnungen in Aussicht stellte.

Man formirte nun Patrouillen, die blos aus Unter-
officieren bestanden. Die Patrouillen durchzogen die Straßen nach allen Richtungen, und durch Drohungen, Versprechungen und freigebige Geldspenden brachte man es endlich
dahin, daß die Flammen erlöschen und das Blut aufhörte
zu fließen. Neapel athmete auf.

Es bedurfte aber nicht weniger als zweier Tage, um
zu diesem Resultat zu gelangen.

Am 21. Juni beschlossen die Patrioten von San
Martino und der beiden Castelle, den Waffenstillstand und
die Ruhe, welche nach so vielen Anstrengungen die Folge
desselben war, zu thun, was die Alten thaten, wenn sie
zum Tode verurtheilt waren. Sie beschlossen das soge-
nannte freie Mahl zu halten.

Nur Cesare fehlte, um die furchtbaren Worte: Mo-
rituri te salutant! entgegenzunehmen.

Es war ein trauriges Fest, bei welchem jeder sein
eigenes Leichenbegängniß zu feiern schien, etwas Aehnliches

wie jenes letzte Gastmahl der Senatoren von Capua, an dessen Ende mitten unter verwelkten Blumen und beim Tone verhallender Musik man den Giftbecher kreisen ließ, aus welchem achtzig Gäste den Tod tranken.

Der Platz, welchen man dazu wählte, war der vor dem Nationalpalast, heutzuge Platz des Plebiscit.

Damals war er bei weitem nicht so umfangreich, als er gegenwärtig ist.

Der ganzen Länge der Tafel nach wurden Masten aufgepflanzt. Auf jedem derselben flatterte eine weiße Flagge, auf der mit schwarzen Buchstaben die Worte geschrieben standen:

„Freiheit oder Tod!“

Unter dieser Flagge und in der Mitte eines jeden Mastes befand sich eine Gruppe von drei Fahnen, deren unterste Enden die Stirne der Gäste streiften.

Die eine dieser Fahnen war dreifarbig. Es war die Fahne der Freiheit.

Die andere war roth. Sie war das Symbol des Blutes, welches vergossen worden, und dessen, welches noch vergossen werden sollte.

Die dritte war schwarz. Sie war das Emblem der Trauer, welche das Vaterland einhüllen würde, wenn die einen Augenblick verscheuchte Tyrannei wieder darüber herrschte.

In der Mitte des Platzes, am Fuße des Freiheitsbaumes erhob sich der Altar des Vaterlandes.

Man begann damit, daß man hier die Todtenmesse zu Ehren der für die Freiheit gefallenen Märtyrer hielt.

Der Bischof della Torre, Mitglied des gesetzgebenden Körpers, hielt die Leichenrede.

Dann setzte man sich zu Tische.

Das Mahl war düster, traurig, fast stumm.

Nur dreimal ward es durch einen doppelten Toast auf die Freiheit und den Tod unterbrochen — diese beiden großen Gottheiten, welche von den unterdrückten Völkern angerufen werden.

Von ihren Vorposten aus konnten die Sanfedisten dieses letzte Gastmahl mit ansehen, aber sie verstanden die erhabene Trauer desselben nicht.

Nur der Cardinal berechnete, welche verzweifelten Anstrengungen Menschen fähig sind, welcher sich mit dieser erhabenen Ruhe auf den Tod vorbereiten, und er ward, mochte nun Furcht oder Bewunderung die Ursache sein, in seinem Entschluß, mit ihnen zu unterhandeln, dadurch nur um desto mehr bestärkt.

Zweites Capitel.

Die Capitulation.

Am 19. Juni waren, wie wir bereits gesagt, die Präliminarien der Capitulation zu Papier gebracht worden.

Während des 20. hatte man mitten unter einer Emeute, welche die Stadt mit Blut überschwemmte und zuweilen einen zufriedenstellenden Ausgang der Unterhandlungen als geradezu unmöglich erscheinen ließ, darüber verhandelt.

Am 21. Mittag war die Emeute beschwichtigt und um vier Uhr Nachmittags hatte das freie Gastmahl statt-gefunden.

Endlich am 22. Morgens kam der Oberst Mejean, von der royalistischen Cavallerie escortirt, von dem Castell San Elmo herab, um sich mit dem Directorium zu be-sprechen.

Salvato sah alle diese Vorbereitungen zum Frieden mit großer Freude.

Die Plünderung von Luisa's Hause, das allgemein verbreitete Gerücht, daß sie die Backer denuncirt und daß diese Denunciation die Ursache des Todes derselben gewesen, flößten ihm für die Sicherheit der Geliebten die lebhaftesten Besorgnisse ein. Für seine Person jeder Furcht unzugängig, war er doch, wenn es sich um Luisa handelte, furchtsamer und schüchterner als ein Kind.

Auch eine zweite Hoffnung begann in seinem Herzen zu erwachen. Seine Liebe zu Luisa war immer höher ge-stiegen und selbst der Besitz hatte sie noch gesteigert.

Da das Verhältniß zwischen Beiden mittlerweile zur allgemeinen Kenntniß gekommen, so war es unmöglich, daß Luisa in Neapel bliebe, und hier die Rückkehr ihres Gemals abwarte.

Nun aber war es wahrscheinlich, daß sie die den Pa-trioten gestellte Alternative, in Neapel zu bleiben oder zu fliehen, benutzen würde, um nicht blos Neapel, sondern auch Italien zu verlassen. Dann gehörte sie wirklich ihm, dann ward sie die Seine auf immer und nichts konnte sie von ihm trennen.

In Bezug auf die Capitulation, welche unter seinen

Befehlen discutirt worden, hatte er Luisa mehrmals absichtlich den Artikel 5 dieser Capitulation erklärt, welcher dahin lautete, daß allen darin inbegriffenen Personen die Wahl zuständе, entweder in Neapel zu bleiben, oder sich nach Toulon einzuschiffen.

Luisa hatte bei dieser Erklärung jedesmals geseufzt, ihren Geliebten an ihr Herz gedrückt, aber nichts geantwortet.

Luisa hatte nämlich trotz ihrer innigen Liebe zu Salvato sich noch zu nichts entschloffen, und wich, indem sie die die Augen schloß, um die Zukunft nicht zu sehen, vor dem unermeßlichen Schmerze zurück, welchen diese Zukunft, wenn der Augenblick kam, entweder ihrem Gatten oder ihrem Geliebten verursachen mußte.

Allerdings, wäre Luisa frei gewesen, so wäre es für sie wie für Salvato das höchste Glück gewesen, dem Freunde ihres Herzens bis ans Ende der Welt zu folgen. Dann hätte sie ohne Schmerz ihre Freunde, Neapel und selbst dieses kleine Haus verlassen, in welchem ihre so ruhige und so reine Kindheit von Jugend an verflossen war.

Neben diesem höchsten Glück aber richtete sich ein Schatten empor, den sie nicht verscheuchen konnte.

Wenn sie fortging, so gab sie das Alter des Mannes, der an ihr Vaterstelle vertreten, dem Schmerz und der Vereinsamung preis.

Ach, leider hat jene berauschende Leidenschaft, welche man die Liebe nennt, jene Seele des Weltalls, welche den Menschen seine schönsten Thaten und seine größten Verbrechen begehen läßt, und die, so lange der Fehltritt noch nicht geschehen, an Entschuldigungen so sinnreich ist, der Reue und den Gewissensbissen nichts weiter entgegenzusetzen als Thränen und Seufzer.

Auf Salvato's Bitten wollte Luisa nicht ja antworten, und nein zu antworten wagte sie nicht.

Sie hegte im innersten Herzen jene unbestimmte Hoffnung der Unglücklichen, welche nur noch auf ein Wunder der Vorsehung hoffen, um einer verzweifelten Lage entrissen zu werden, in welche sie durch einen Irrthum oder einen Fehltritt versetzt worden.

Mittlerweile verging die Zeit, und wie wir schon gesagt, kam am 22. Juni Morgens der Oberst Mejean von dem Castell San Elmo herab, um, von der royalistischen Cavallerie escortirt, mit dem Directorium zu conferiren.

Der Zweck seines Besuches war, sich zum Vermittler zwischen den Patrioten und dem Cardinal anzubieten, weil das Directorium die Bedingungen, die es stellte, nicht zu erlangen hoffte.

Man erinnert sich der Antwort Manthonnet's: »Wir werden nicht eher unterhandeln, als bis der letzte Sansedist die Stadt verlassen hat.«

Da der gesetzgebende Körper wissen wollte, ob die Castelle im Stande wären, die stolzen Worte Manthonnet's aufrecht zu erhalten, so ließ er den Commandanten des Castello Nuovo rufen.

Die Sitzungen des legislativen Körpers fanden gegenwärtig im Nationalpalast statt.

Oronzo Massa, dessen Namen wir schon mehrmals genannt, ohne übrigens bei seiner Person zu verweilen, hat in einem Buche wie das, welches wir uns die Aufgabe gestellt zu schreiben, Anspruch auf etwas mehr als bloße Ein-

tragung seines Namens in die Martyrologie des Vaterlandes.

Er war von edler Familie geboren. Schon in jungen
Jahren Artillerie-Officier, hatte er, als vor vier Jahren die
Regierung die blutige, despotische Bahn betreten, welche
durch die Hinrichtung Emmanuele's di Dio, Vitagliano's
und Gagliani's eröffnet worden, seinen Abschied genommen.
Als die Republik proclamirt ward, verlangte er als gemeiner Soldat zu dienen. Die Republik machte ihn zum General.

Er war ein Mann von Beredsamkeit, Unerschrockenheit
und erfüllt von erhabenen Gesinnungen.

Cirillo war es, der im Namen der legislativen Ver-
sammlung das Wort an Massa richtete.

»Oronzo Massa,« sagte er zu ihm, »wir haben Sie
rufen lassen, um von Ihnen zu hören, welche Hoffnung uns
noch für Vertheidigung des Castells und die Rettung der
Stadt bleibt. Antworten Sie uns offen, ohne weder im Guten noch im Schlimmen etwas zu übertreiben.«

»Sie verlangen, daß ich Ihnen mit voller Offenheit
antworte,« entgegnete Oronzo Massa. »Ich werde es thun.
Die Stadt ist verloren. Keine Anstrengung, selbst wenn
jeder Mensch ein Curtius wäre, kann sie retten. Was das
Castello Nuovo betrifft, so sind wir noch Herren desselben,
aber blos aus dem Grunde, weil wir Soldaten ohne Erfahrung
und ungeübte, durch einen Priester commandirte Banden
gegen uns haben. Das Meer, der Binnenhafen und der
äußere Hafen sind in der Gewalt des Feindes. Der Palast
kann sich gegen Artillerie nicht mehr halten. Die Courtine
ist zerstört, und wäre ich Belagerer, anstatt Belagerter zu

sein, so wäre das Castell binnen zwei Stunden in meiner
Gewalt.«

„Dann nehmen Sie also den Frieden an?«

„Ja, vorausgesetzt, daß, wie ich freilich bezweifle, wir
denselben unter Bedingungen abschließen, die mit unserer
Ehre als Soldaten und Bürger vereinbar sind.«

„Und warum zweifeln Sie, daß wir den Frieden unter
ehrenvollen Bedingungen abschließen? Kennen Sie nicht die,
welche das Directorium vorschlägt?«

„O ja, ich kenne sie und eben deßhalb zweifle ich, daß
der Cardinal sie annimmt. Der durch den siegreichen Marsch,
der ihn bis unter unsere Mauern geführt hat, übermüthig
gemachte, durch den König und die Königin angestachelte
Feind wird den Anführern der Republik nicht Leben und
Freiheit lassen wollen. Nach meiner Ansicht werden sich daher wenigstens zwanzig Bürger zur Rettung der übrigen
opfern müssen. Da dies meine Ueberzeugung ist, so verlange
ich zuerst auf diese Liste gesetzt zu werden, oder vielmehr
mich selbst darauf zu setzen.«

Und während die Anwesenden von einem Schauer der
Bewunderung durchrieselt wurden, schrieb er, an das Bureau
des Präsidenten tretend, auf den obern Rand eines Bogens
weißen Papieres mit fester Hand die Worte:

„Oronzo Massa. — Für den Tod.«

Lauter Beifall erscholl und wie mit einer einzigen
Stimme riefen die Gesetzgeber:

„Alle! Alle! Alle!«

Der Commandant des Castello d'Uovo war in Bezug
auf die Unmöglichkeit, sich zu halten, derselben Meinung
wie sein Camerad Massa.

Es blieb nun noch Manthonnet, den man zu der Ansicht der noch übrigen Anführer bekehren mußte. Durch seinen wunderbaren Muth verblendet, war es stets der Letzte, welcher sich klugen Rathschlägen fügte.

Man bestimmte, daß der General Massa nach San Martino hinaufgehen und sich mit den am Fuße des Castells San Elmo postirten Truppen besprechen und, wenn er eine Verständigung mit diesen erzielte, den Oberst Mejean benachrichtigen sollte, daß seine Gegenwart dem Directorium nothwendig sei.

Der Commandant des Castello d'Uovo erhielt vom Cardinal freies Geleit.

Der Commandant Massa überzeugte Manthonnet, das Beste, was man thun könne, sei, auf die von dem Directorium vorgeschlagenen, ja sogar auf noch schlimmere Bedingungen hin zu unterhandeln, und setzte verabredetermaßen den Oberst Mejean in Kenntniß, daß man ihn erwartete, um diese Bedingungen dem Cardinal zu überbringen.

So kam es, daß am 22. Juni der Commandant des Castells San Elmo seine Festung verließ und in die Stadt herabkam.

Er begab sich direct nach dem Hause, welches der Cardinal an der Magdalenenbrücke bewohnte, aber ohne dem Directorium zu verschweigen, daß er kaum hoffe, die gestellten Bedingungen von dem Cardinal angenommen zu sehen.

Er ward sofort bei dem Cardinal vorgelassen und überreichte diesem die schon von dem General Massa und dem Commandanten Aurora unterzeichneten Artikel der Capitulation.

Der Cardinal, der ihn erwartete, hatte den Chevalier Micheroux, den englischen Commandanten Foote, den Commandanten der russischen Truppen, Bailly, und den Commandanten der ottomanischen Truppen, Achmet, bei sich.

Der Cardinal nahm die Capitulation, las sie und ging mit dem Chevalier Micheroux und den Anführern der englischen, russischen und türkischen Hilfstruppen in ein Nebenzimmer.

Zehn Minuten später trat er wieder ein, ergriff die Feder und schrieb ohne weitere Discussion seinen Namen unter den Aurora's.

Dann reichte er die Feder dem Commandanten Foote, dieser gab sie seinerseits weiter an den Commandanten Bailly und dieser an den Commandanten Achmet.

Die einzige Forderung, welche der Cardinal stellte, war, daß der Tractat, obschon am 22. unterzeichnet, auf den 18. zurückdatirt werde.

Diese Forderung, auf welche der Oberst Mejean ohne Zögern einging und die für alle Welt ein Geheimniß war, ist Dank der genauen Kenntniß, die wir von jener Epoche haben, und der Correspondenz des Königs und der Königin, welche wir im Jahre 1860 so glücklich waren in unsere Hände zu bekommen, für uns kein Geheimniß.

Der Cardinal wollte, daß das Datum des Tractats ein früheres wäre als das des Briefes, welchen er von der Königin erhalten und der ihm untersagte, unter irgend einem Vorwand mit den Rebellen zu unterhandeln.

So konnte er den Vorwand geltend machen, er habe

den Brief erst erhalten, als die Capitulation bereits unterzeichnet gewesen sei.

Da wir es hier mit einem rein historischen Punkt zu
thun haben, so ist es von der größten Wichtigkeit, unseren
Lesern genau den Text der zehn Artikel vorzulegen, welche
nie anders als unvollständig oder gefälscht in die Oeffent-
lichkeit gelangt sind.

Es handelt sich um einen furchtbaren Prozeß, in welchem der Cardinal Ruffo, durch die Geschichte oder vielmehr einen Geschichtschreiber, einen parteiischen und schlecht
unterrichteten Richter, in erster Instanz verurtheilt, gegen
Ferdinand, Caroline und Nelson an die Nachwelt appellirt.

Die Capitulation lautete folgendermaßen:

„Art. 1. — Das Castello Nuovo und das Castello
d'Uovo werden dem Commandanten der Truppen Seiner
Majestät des Königs beider Sicilien und der seiner Bun-
desgenossen, des Königs von England, des Kaisers aller
Reussen und des Sultans der ottomanischen Pforte mit
allen Vorräthen an Munition und Proviant, Artillerie und
in den Magazinen vorhandenen Effecten aller Art übergeben, welche nach Unterschrift der gegenwärtigen Capitulation durch die Inventur der betreffenden Commissäre zu
specificiren sind.

„Art. 2. — Die die Garnison bildenden Truppen
werden ihre Forts behalten, bis die Schiffe, von welchen
sogleich die Rede sein wird und welche bestimmt sind. Alle,
die es wünschen, nach Toulon zu gehen, dahin zu bringen,
segelfertig sein werden.

„Art. 3. — Die Besatzungen ziehen mit militärischen
Ehren ab, das heißt mit Waffen und Gepäck, unter Trom-

welfchlag, mit brennenden Lunten und fliegenden Fahnen, jede mit zwei Stücken Geschütz. An dem Meeresstrande werden fie die Waffen ablegen.

„Art. 4. — Die Perfonen und das bewegliche Eigenthum fämmtlicher die beiden Garnifonen bildenden Individuen werden refpectirt und dafür gebürgt.

„Art. 5. — Allen obenerwähnten Individuen fteht die Wahl frei, fich entweder auf Parlamentärschiffen, welche man dazu verwenden wird, um fie nach Toulon zu bringen, einzuschiffen, oder unbeläftigt mit ihren Familien in Neapel zu bleiben.

„Art. 6. — Die in der gegenwärtigen Capitulation feftgefetzten Bedingungen erftrecken fich auf alle in den Forts befindlichen Perfonen beiderlei Geschlechtes.

„Art. 7. — In gleicher Weife der Wohlthaten diefer Bedingungen theilhaftig find alle von den Truppen Seiner Majeftät des Königs beider Sicilien oder von denen feiner Bundesgenoffen in den Gefechten, welche vor der Blockade der Caftelle ftattgefunden, gemachten Gefangenen, infoweit fie den regulären Truppen angehören.

„Art. 8. — Der Erzbifchof von Salerno, Micherour, Dillon und der Bifchof von Avellino bleiben als Geißeln in den Händen des Commandanten des Fortes San Elmo bis zur Ankunft der ausgewanderten Patrioten in Toulon.

„Art. 9. — Mit Ausnahme der foeben genannten Perfonen werden fämmtliche in den Forts fitzende Geißeln und Staatsgefangenen fofort nach Unterzeichnung der vorliegenden Capitulation in Freiheit gefetzt werden.

„Art. 10. — Die Artikel der vorftehenden Capitulation können nicht eher zur Ausführung gelangen, als bis

fie von dem Commandanten des Castells San Elmo gut-
geheißen worden sind.

„Gegeben auf dem Castello Nuovo am 18. Juni 1799.

(Unterz.) Massa, Commandant des Castello Nuovo;
Aurora, Commandant des Castello d'Uovo; Cardinal
Ruffo, Generalvicar des Königreiches Neapel; Antonio,
Chevalier Micherour, Bevollmächtigter Seiner Majestät
des Königs beider Sicilien bei den russischen Truppen; C. T.
Foote, Commandant der Schiffe Sr. Majestät des Königs
von Britannien; Bailly, Commandant der Truppen Sr.
Majestät des Kaisers von Rußland; Achmet, Comman-
dant der ottomanischen Truppen.“

Unter den Unterschriften der verschiedenen bei der Capitulation betheiligten Anführer las man folgende Zeilen:

„Kraft des von dem Kriegsrath in dem Castell San
Elmo am 3. Messidor über den vom 1. Messidor datirten
Brief des Generals Massa, Commandanten des Castello
d'Uovo, gefaßten Beschlusses billigt der Commandant des
Castells San Elmo die vorstehende Capitulation.“

„Fort San Elmo am 3. Messidor im Jahre VII
der französischen Republik (21. Juni 1799).

„Mejean.“

An demselben Tage, wo die Capitulation wirklich unterzeichnet ward, das heißt am 22. Juni, schrieb der Cardinal, hoch erfreut, zu einem so glücklichen Resultat gelangt
zu sein, an den König einen umständlichen Bericht über die
ausgeführten Operationen, und beauftragte den Capitän
Foote, einen der Unterzeichner der Capitulation, diesen
Brief dem Könige in eigener Person zu überbringen.

Der Capitán Foote machte sich mit dem „Seahorse" sofort auf den Weg nach Palermo.

Er war seit einigen Tagen im Commando dieses Schiffes auf den Capitán Ball gefolgt, welchen Nelson zu sich zurückberufen hatte.

Am nächstfolgenden Tage ertheilte der Cardinal alle erforderlichen Befehle zur möglichst schnellen Bereitmachung der Schiffe, mittelst deren die patriotische Garnison nach Toulon transportirt werden sollte.

Denselben Tag schrieb er an Ettore Caraffa, um ihn aufzufordern, die Forts von Civitella und Pescara unter denselben Bedingungen an Pronio zu übergeben, unter welchen das Castello Nuovo und das Castello d'Uovo übergeben worden waren.

Da er fürchtete, der Graf von Ruvo werde seinem Worte nicht trauen oder in seinem Briefe eine Hinterlist wittern, so ließ er fragen, ob es nicht in einem oder dem andern der Castelle einen Freund von Ettore Caraffa gäbe, zu welchem dieser volles Vertrauen hätte, um diesen Brief an ihn zu befördern und ihm einen genauen Begriff von dem Stande der Dinge zu geben.

Nicolino Caracciolo erbot sich, Ueberbringer des Briefes zu sein, empfing denselben aus den Händen des Cardinals und brach auf.

Noch denselben Tag ward ein von dem General-vicar unterzeichnetes Edict gedruckt, veröffentlicht und angeschlagen.

Dieses Edict erklärte, der Krieg sei beendet, es gebe in dem Königreiche weder Parteien noch Factionen, weder Freunde noch Feinde, weder Republikaner noch Sanfedi-

ften mehr, sondern blos noch ein Volk von Brüdern und
Bürger unter einem und demselben Könige, der Alle mit
gleicher Liebe umfassen wolle.

Die Gewißheit des Todes war bei den Patrioten so
groß gewesen, daß selbst die, welche, weil sie den Versprechungen Ruffo's doch nicht vollständig trauten, beschlossen
hatten, in die Verbannung zu gehen, diese im Vergleiche
zu dem Loose, welchem sie sich aufgespart glaubten, als ein
Glück betrachteten.

Drittes Capitel.

Die Auserwählten der Rache.

Mitten unter dem Chor von Freude und Traurigkeit,.
welches von dieser Masse Verbannter, jenachdem sie mehr
am Leben oder am Vaterlande hingen, aufstieg, hielten
zwei junge Wesen schweigend und wehmüthig in· einem der
Zimmer des Castello Nuovo sich umschlungen.

Diese beiden jugendlichen Wesen waren Salvato und
Luisa.

Luisa hatte noch keinen Entschluß gefaßt, und erst am
nächstfolgenden Tage, am 24. Juni, sollte sie wählen zwischen ihrem Gatten und ihrem Geliebten, ihrem Verweilen
in Neapel oder der Abreise nach Frankreich.

Luisa weinte, hatte aber den ganzen Abend nicht die
Kraft gehabt, ein Wort zu sprechen.

Salvato hatte lange ebenfalls stumm vor ihr auf den
Knien gelegen. Dann endlich hatte er sie in·seine Arme geschlossen und an sein Herz gedrückt.

Die Mitternachtsstunde schlug.

Luisa richtete ihre in Thränen gebadeten und fieberhaft glänzenden Augen empor und zählte nach einander die zwölf Schläge des Hammers auf die Glocke. Dann ließ sie ihren Arm um den Hals des jungen Mannes fallen und sagte:

»O nein, ich werde es niemals können!«

»Was wirst Du niemals können, meine geliebte Luisa?«

»Dich verlassen, mein Salvato! Niemals, niemals!«

»Ha!« rief der junge Mann, freudig aufathmend.

»Gott wird mit mir thun, was er will, und wir werden mit einander entweder leben oder sterben.«

Und sie brach in lautes Schluchzen aus.

»Höre,« hob Salvato wieder an, »wir sind ja nicht gezwungen, in Frankreich zu bleiben. Wo Du hingehen willst, da gehe ich auch hin.«

»Aber deine Stellung als Officier? Deine Zukunft?«

»Opfer um Opfer, geliebte Luisa. Ich sage Dir nochmals, wenn Du vor den Erinnerungen, die Du hier zurücklässest, bis an's Ende der Welt fliehen willst, so werde ich mit Dir dahin gehen. Da ich Dich so kenne, wie ich Dich kenne, mein Engel, so weiß ich auch, daß es meiner steten Gegenwart und meiner ewigen Liebe bedürfen wird, um Dich deine Leiden vergessen zu machen.«

»Aber ich werde nicht so von hier fortgehen wie eine Undankbare, wie eine Fliehende, wie eine Ehebrecherin. Ich werde ihm schreiben, ich werde ihm Alles sagen. Sein schönes, sein großes, sein erhabenes Herz wird mir dereinst verzeihen, es wird mir Absolution für meinen Fehltritt ertheilen, und erst von diesem Tage an werde ich mir selbst verzeihen."

Salvato ließ die Geliebte los, näherte sich einem Tische, legte ihr Papier, Feder und Tinte zurecht, kam dann zu Luisa zurück, küßte sie auf die Stirn und sagte:

"Ich lasse Dich allein, fromme Sünderin. Beichte Gott und ihm. Die, über welche der Heiland seinen Mantel breitete, war seiner Verzeihung nicht würdiger als Du."

"Du verlässest mich!" rief die junge Frau beinahe erschrocken, allein bleiben zu sollen.

"Dein Wort muß in seiner ganzen Reinheit aus deiner keuschen Seele, deinem hingebenden Herzen fließen. Meine Gegenwart würde den durchsichtigen Krystall nur trüben. In einer halben Stunde werde ich wieder da sein und dann werden wir einander nicht wieder verlassen."

Luisa bot dem Geliebten die Stirn. Er küßte sie und verließ dann das Zimmer.

Luisa erhob sich nun, näherte sich ihrerseits dem Tische und nahm an demselben Platz.

Alle ihre Bewegungen besaßen die Langsamkeit, welche sich des Körpers in feierlichen Augenblicken bemächtigt. Ihr stieres Auge schien durch Entfernung und Dunkel hindurch die Stelle erspähen zu wollen, wo der Streich sie treffen, und die Tiefe, bis zu welcher das Schwert des Schmerzes eindringen würde.

Ein wehmüthiges Lächeln umspielte ihre Lippen und sie murmelte kopfschüttelnd:

"O mein armer Freund, wie wirst Du leiden!"

Dann setzte sie leiser und mit beinahe unverständlicher Stimme hinzu:

„Aber nicht eher, als bis ich selbst gelitten habe."

Sie ergriff die Feder, ließ ihre Stirn auf die linke Hand sinken und schrieb:

„Mein vielgeliebter Vater! Mein barmherziger Freund!

„Warum verließest Du mich, als ich Dir folgen wollte? Warum kamst Du nicht zurück, als ich von dem Gestade Dir, der Du im Sturme verschwandest, nachrief: Weißt Du nicht, daß ich liebe?

„Damals war es noch Zeit! Ich wäre mit Dir gegangen und gerettet gewesen. Du verließest mich und ich war verloren.

„Es waltet ein Verhängniß über uns.

„Ich will mich nicht entschuldigen. Ich will Dir nicht die Worte wiederholen, welche Du, die Hand nach dem Crucifix ausstreckend, am Sterbebette des Fürsten von Caramanico sprachst, als er und ich selbst darauf bestand, daß ich dein Weib würde. Nein, ich habe keine Entschuldigung, aber ich kenne dein Herz. Das Erbarmen wird stets größer sein als der Fehltritt.

„Durch dasselbe Verhängniß, welches mich verfolgt, politisch compromittirt, verlasse ich Neapel und gehe, das Loos der Unglücklichen, welche sich selbst verbannen und unter welchen ich die Unglücklichste bin, theilend, nach Frankreich.

„Die letzten Augenblicke meiner Verbannung gehören Dir, eben so wie die letzten Stunden meines Lebens Dir gehören werden. Indem ich das Vaterland verlasse, bist Du es, an den ich denke; wenn ich das Dasein verlasse, wirst Du es sein, an den ich denken werde.

„Erkläre dieses unerklärliche Geheimniß. Mein Herz

hat gefehlt, meine Seele aber ist rein geblieben. Den besten Theil meines Ich hast Du genommen und behalten. Höre mich, mein Freund; höre mich, mein Vater!

„Ich fliehe noch mehr vor Scham, Dich wiederzusehen, als aus Liebe zu dem Manne, dem ich folge. Für ihn würde ich mein Leben in dieser Welt hingeben, für Dich aber meine Seligkeit im Jenseits opfern.

„Ueberall, wo ich sein werde, werde ich Dir Kenntniß von meinem Aufenthaltsort geben. Wenn Du meiner bedarfst, so rufe mich und ich werde kommen, um Dir zu Füßen zu sinken.

„Jetzt gestatte mir, Dich für ein unschuldiges Geschöpf zu bitten, welches nicht blos noch nicht weiß, daß es sein Leben einem Fehltritt verdankt, sondern welches noch nicht einmal weiß, daß es lebt. Es ist möglich, daß es sich allein auf Erden sieht. Sein Vater ist Soldat und kann im Kampfe fallen; seine Mutter ist eine Verzweifelte und kann sterben.

„Versprechе mir, daß, so lange Du lebst, mein Kind keine Waise sein wird.

„Ich nehme von dem bei den Backers deponirten Geld keinen einzigen Ducato mit.

„Brauche ich Dir wohl erst zu sagen, daß ich an dem Tode dieser Männer vollkommen unschuldig bin? und daß ich lieber alle Martern erduldet, als ein Wort gesagt hätte, durch welches sie compromittirt worden wären?

„Von jenem Gelde wirst Du dem Kinde, welches ich Dir für den Fall meines Todes vermache, einen Antheil aussetzen, dessen Betrag ich in dein alleiniges Ermessen stelle.

„Nachdem ich Dir dies Alles gesagt, wirst Du vielleicht glauben, mein angebeteter Vater, daß ich Dir Alles gesagt; aber dem ist nicht so. Meine Seele ist voll, mein Herz wallt über.

„Seitdem ich angefangen Dir diesen Brief zu schreiben, sehe ich Dich wieder; ich überschaue in meinem Herzen die achtzehnjährige Güte, welche Du mir bewiesen, ich strecke Dir die Arme entgegen wie dem Gott, den man anbetet, den man beleidigt hat und vor welchem man sich niederwerfen möchte. O, warum bist Du nicht hier, anstatt zweihundert Meilen von mir entfernt zu sein? Ich fühle, daß ich zu Dir eilen würde und daß, wenn ich mich an dein Herz lehnen könnte, nichts im Stande sein würde, mich davon hinwegzureißen.

„Indessen, was Gott thut, das ist wohlgethan. In den Augen der Welt bin ich jetzt nicht blos ein undankbares Weib, sondern auch eine rebellische Unterthanin, und habe nicht blos von deinem verlorenen Glück, sondern auch von deiner compromittirten Loyalität Rechenschaft zu geben. Meine Abreise schützt Dich, meine Flucht rechtfertigt Dich, und Du brauchst blos zu sagen: „Von einer Ehebrecherin ist es nicht zu verwundern, daß sie auch eine Rebellin geworden ist.“

„Leb' wohl, mein Freund; leb' wohl, mein Vater! Wenn Du Dir von meinen Leiden einen Begriff machen willst, so denke an das, was Du selbst gelitten. Du hast nur den Schmerz; ich aber habe auch die Reue.

„Leb' wohl, wenn Du mich vergissest und wenn ich Dir unnütz bin.

„Wenn Du aber jemals meiner bedarfst: Auf Wiedersehen!

„Dein ftrafbares Kind, welches aber niemals aufhören wird an dein Erbarmen zu glauben. Luifa.“

Eben als Luifa diefe letzten Worte fchrieb, trat Salvato wieder ein.

Sie hörte ihn, drehte fich um und reichte ihm den
Brief.

Als er aber das Papier ganz von Thränen benetzt
fah und begriff, was fie, während er dasfelbe läfe, zu leiden haben würde, fchob er es zurück.

Sie begriff diefes Zartgefühl ihres Geliebten.

„Ich danke Dir, mein Freund,“ fagte fie.

Dann brach fie den Brief zufammen, fiegelte ihn und
fchrieb die Adreffe darauf.

„Aber,“ fagte fie, „wie foll ich diefen Brief an den
Ehevalier San Felice befördern? Du fiehft ein, nicht wahr,
daß nur er und kein Anderer ihn empfangen darf.“

„Die Sache ift fehr einfach,“ antwortete Salvato.
„Der Commandant Maffa hat freies Geleit. Ich werde ihn
um Ueberlaffung desfelben bitten und den Brief felbft zu
dem Cardinal mit der Bitte tragen, ihn nach Palermo zu
befördern, und ihm fagen, wie viel darauf ankommt, daß
er richtig in die Hände des Adreffanten gelange.“

Luifa bedurfte Salvato’s Nähe im höchften Grade.
So lange er da war, verfcheuchte feine Stimme die Phan-
tome, welche fie umlagerten, fobald er fich wieder entfernt hatte.

Indeffen, wie fie gefagt hatte, es war nothwendig,
daß diefer Brief an den Ehevalier gelangte.

Salvato ftieg zu Pferde, Maffa gab ihm außer
feinem Geleitfchein einen Mann mit, damit diefer ihm

eine weiße Fahne vorantrüge, so daß er ohne Unfall im
Lager des Cardinals anlangte.

Dieser hatte sich noch nicht schlafen gelegt. Kaum ward
Salvato angemeldet, so befahl der Cardinal, ihn sofort
vorzulassen.

Der Cardinal kannte ihn dem Namen nach. Er wußte
was für Wunder der Tapferkeit er während der Belagerung verrichtet. Selbst tapfer, wußte er die Tapferkeit zu
würdigen.

Salvato setzte ihm die Ursache seines Besuches ausein-
ander und fügte hinzu, er habe nicht blos deshalb in eigener
Person kommen wollen, damit der Brief sicher bestellt
werde, sondern auch um den außerordentlichen Mann zu
sehen, welcher soeben das Werk der Restauration zu Stande
gebracht. Trotz des Unheils, welches nach Salvato's Ansicht durch diese Restauration angerichtet ward, konnte er
doch nicht umhin, anzuerkennen, daß der Cardinal in seinem
Siege gemäßigt und mild gewesen und daß die Bedingungen, die er zugestanden, die eines edelmüthigen Siegers
seien.

Während der Cardinal mit der Miene befriedigten
Stolzes Salvato's Complimente hinnahm, warf er die
Augen auf den Brief, welchen Salvato ihm empfahl, und las
darauf die Adresse des Chevalier San Felice.

Er stutzte.

»Ist dieser Brief,« fragte er, »vielleicht von der
Gattin des Chevalier?«

»Ja, von ihr selbst, Eminenz.«

Der Cardinal ging einigemal unruhig im Zimmer

auf und ab, dann blieb er plötzlich vor Salvato stehen und fragte, indem er ihn scharf ansah:

»Interessiren Sie sich für diese Dame?«

Salvato konnte einen Ausdruck des Erstaunens nicht zurückhalten.

»O,« sagte der Cardinal, »es ist nicht eine Frage der Neugier, die ich an Sie thue, und Sie werden dies sogleich sehen. Ueberdies bin ich Priester und ein Geheimniß, welches man mir anvertraut, wird von diesem Augenblick an geheiligtes Vermächtniß.«

»Ja, Eminenz, ich interessire mich für diese Dame und zwar im höchsten Grade.«

»Nun dann, Signor Salvato, lassen Sie mich als einen Beweis der Bewunderung, die ich für Ihren Muth hege, Ihnen leise, ganz leise sagen, daß die Person, für welche Sie sich interessiren, grausam compromittirt ist. Wäre sie in der Stadt und befände sie sich nicht in der Capitulation der Castelle inbegriffen, so müßte man sie sofort entweder in das Castello d'Uovo oder in das Castello Nuovo bringen, und es möglich machen, ihren Eintritt um fünf bis sechs Tage zurückzudatiren.«

»Aber hätte sie selbst im entgegengesetzten Falle immer noch zu fürchten, Eminenz?«

»Nein, meine Unterschrift würde sie hoffentlich decken. Nur tragen Sie in dem einen wie in dem andern Falle Sorge, daß sie gleich mit unter den Ersten eingeschifft werde. Eine sehr mächtige Person verfolgt sie und will ihren Tod.«

Salvato ward todtenbleich.

»Die Signora San Felice,« sagte er mit erstickter

Stimme, „hat das Castell Nuovo seit Beginn der Belagerung nicht verlassen. Sie hat deshalb Anspruch auf die Capitulation, welche der General Massa mit Ihnen, Eminenz, unterzeichnet hat. Ich danke Ihnen jedoch, Herr Cardinal, deswegen nicht weniger für die Warnung, die Sie mir ertheilt, und die ich wohl beachten werde."

Salvato verneigte sich und wollte sich entfernen; der Cardinal legte ihm aber die Hand auf den Arm.

„Noch ein Wort," sagte er.

„Ich höre, Eminenz," antwortete der junge Mann.

Was auch der Cardinal sagen mochte, so war es augenscheinlich, daß er zögerte zu sprechen und daß ein Kampf in ihm vorging.

Endlich behielt die erste Bewegung die Oberhand.

„Sie haben," sagte der Cardinal, „in Ihren Reihen einen Mann, der nicht mein Freund ist, den ich aber seines Muthes und seines Genies wegen schätze. Diesen Mann möchte ich retten!"

„Ist dieser Mann verurtheilt?" fragte Salvato.

„Eben so wie die Chevaliere San Felice," entgegnete der Cardinal.

Salvato fühlte wie der kalte Schweiß ihm an der Wurzel seines Haares perlte.

„Und durch dieselbe Person?" fragte Salvato.

„Ja, durch dieselbe Person," wiederholte der Cardinal.

„Und Sie sagen, Eminenz, diese Person sei sehr mächtig?"

„Habe ich gesagt sehr mächtig? dann habe ich mich geirrt — ich hätte sagen sollen: allmächtig."

„Ich kann wohl erwarten, Eminenz, daß Sie mir den Mann nennen, welchen Sie mit Ihrer Achtung beehren und den Sie mit Ihrem Schutze decken?"

„Es ist der Admiral Francesco Caracciolo."

„Und was soll ich ihm sagen?"

„Sie werden ihm sagen, was Sie wollen; Ihnen aber sage ich, daß sein Leben nicht in Sicherheit ist, oder vielmehr nicht eher in Sicherheit sein wird, als bis er mit beiden Füßen außerhalb des Königreiches steht."

„Ich danke Ihnen, Eminenz, in seinem Namen," sagte Salvato. „Es soll geschehen, wie Sie wünschen."

„Dergleichen Geheimnisse vertraut man nur einem Mann an wie Sie, Signor Salvato, und man macht ihm nicht erst Verschwiegenheit zur Pflicht, denn man ist überzeugt, daß er den Werth derselben schon von selbst kennt."

Salvato verneigte sich.

„Haben Sie," fragte er, „mir noch andere Aufträge zu ertheilen, Eminenz?"

„Einen einzigen."

„Welchen?"

„Ein eigentlicher Auftrag ist es nicht, sondern ich möchte Ihnen blos empfehlen, General, sich künftig mehr zu schonen. Die tapfersten meiner Leute, welche Sie im Kampfe gesehen, beschuldigen Sie der Tollkühnheit. Ihr Brief wird dem Chevalier San Felice zugestellt werden, Signor Salvato. Dies schwöre ich Ihnen hiermit zu."

Salvato begriff, daß der Cardinal ihn mit diesen Worten verabschiedete.

Er verneigte sich und machte sich abermals unter dem

Vortritt des Trägers der weißen Fahne ganz träumerisch auf das Rückweg nach dem Castello Nuovo.

Ehe er aber in dasselbe zurückkehrte, machte er auf dem Hafendamme Halt, stieg in ein Boot und ließ sich in den Kriegshafen rudern, wohin Caracciolo sich mit seiner Flottille geflüchtet hatte.

Die Matrosen hatten sich zerstreut. Nur einige von den Leuten, welche das Deck ihres Schiffes nur im äußersten Nothfalle verlassen, waren an Bord geblieben.

Er erreichte das Kanonenboot, welches Caracciolo in dem Gefechte am 13. Juni getragen.

Es waren nur drei Mann am Bord.

Der eine davon war der Hochbootsmann, ein alter Seemann, der alle Feldzüge des Admirals mitgemacht.

Salvato ließ ihn kommen und befragte ihn.

Noch denselben Morgen hatte der Admiral, als er sah, daß der Cardinal nicht direct mit ihm unterhandelt und daß er nicht in die Capitulation der Castelle inbegriffen war, sich als Bauer verkleidet an's Land setzen lassen und gesagt, man solle sich um seinetwillen keine Sorge machen, denn er habe, bis er das Königreich verlassen könne, ein sicheres Asyl bei einem seiner Diener, von dessen Treue und Hingebung er überzeugt sei.

Salvato kehrte in das Castello Nuovo zurück, ging in Luisa's Zimmer zurück und fand sie vor dem Tische sitzend, den Kopf auf die Hand gestützt, ganz in derselben Haltung, wie er sie verlassen.

Viertes Capitel.

Die englische Flotte.

Es war, wie man sich erinnern wird, am 24. Juni Morgens, wo die neapolitanischen Verbannten, das heißt diejenigen, welche glaubten, es sei ferner für sie sicherer, das Vaterland zu verlassen, als in Neapel zu bleiben, sich auf den dazu bereitgemachten Fahrzeugen einschiffen und unter Segel nach Toulon gehen sollten.

Während der ganzen Nacht vom 23. zum 24. Juni hatte man eine kleine Flotte von Tartanen, Feluden und Balancellen zusammengebracht und dieselbe mit Mund-vorräthen versehen.

Der Wind kam aber von Westen und versetzte die Fahrzeuge in die Unmöglichkeit, die hohe See zu ge-winnen.

Schon mit Tagesanbruch waren die Thürme des Ca-stello Nuovo mit Flüchtlingen bedeckt, welche warteten, daß ein günstiger Wind das Signal zur Einschiffung gäbe. Verwandte und Freunde standen auf den Quais und wech-selten Signale mit ihren Taschentüchern.

Mitten unter allen diesen sich bewegenden Armen und geschwenkten Taschentüchern unterschied man eine unbeweg-liche Gruppe, welche Niemanden Zeichen gab, obschon eine derselben angehörige Person augenscheinlich Jemanden un-ter der am Meeresstrand stehenden Menge zu erkennen suchte.

Die drei Personen, welche diese Gruppe bildeten, waren Salvato, Luisa und Michele.

Salvato und Luisa standen sich Eines auf das Andere stützend. Sie waren allein auf der Welt und Eines dem Andern Alles. Man sah, daß sie mit dieser die Quais bedeckenden Menge nichts zu schaffen hatten.

Michele dagegen suchte zwei Personen: seine Mutter und Assunta.

Nach Verlauf von einigen Minuten erkannte er seine alte Mutter.

Was Assunta dagegen betraf, so blieb diese, sei es nun, daß ihr Vater und ihre Brüder sie abhielten, bei diesem letzten Stelldichein zu erscheinen, sei es, daß ihr Kummer so schmerzlich war, daß sie fürchtete, Michele's Anblick werde ihr denselben unerträglich machen, unsichtbar, obschon Michele's durchdringender Blick sich von den ersten Häusern der Strada del Piliero bis zur Immacolatella erstreckte.

Plötzlich ward die Aufmerksamkeit der Drei eben so wie die der andern Zuschauer von diesem Gegenstand, so fesselnd derselbe auch war, abgezogen und nach der hohen See gelenkt.

In der That sah man hinter Capri am fernsten Horizont zahlreiche Segel auftauchen. Da diese den Wind im Rücken hatten, so wurden sie schnell größer und kamen näher.

Der erste Gedanke aller dieser armen Flüchtlinge war, daß es die französisch-spanische Flotte sei, welche ihnen zu Hilfe käme, und man begann schon die Eile zu beklagen, womit man die Verträge unterzeichnet hatte.

Dennoch aber wagte keine einzige Stimme auf Zurück-
nahme der ertheilten Zustimmung anzutragen, oder wenn
auch dieser Gedanke in einigen Gemüthern aufstieg, so er-
stickten diese ihn, ohne ihn vorher ihren Nachbarn mitzutheilen.

Einer von denen aber, welche mit dem Fernrohr in
der Hand von dem platten Dache ihres Hauses mit der
größten Spannung und Besorgniß diese Schiffe herannahen
sahen, war unstreitig der Cardinal.

In der That hatte er denselben Morgen auf dem
Landwege zwei Briefe, einen von dem König, den andern
von der Königin, erhalten.

Wir theilen dieselben bruchstückweise mit, und der Leser
wird daraus ersehen, in welche Verlegenheit der Cardinal
dadurch versetzt werden mußte.

„Eminentissime!

„Palermo, 20. Juni 1799.

„Antworten Sie mir noch in Bezug auf einen andern
Punkt, der mir schwer auf dem Herzen liegt, den ich aber,
offen gesprochen, für unmöglich halte. Man glaubt hier
nämlich; daß Sie mit den Castellen unterhandelt haben und
daß es diesem Vertrage zufolge allen Rebellen, selbst Caracciolo, selbst Manthonnet, erlaubt sein wird, Neapel
unbelästigt zu verlassen und sich nach Frankreich zu begeben.
Sie können sich leicht denken, daß ich dieses Gerücht nicht
glaube. Von dem Augenblick an, wo Gott uns befreiet,
wäre es unsinnig von uns, diese giftigen Nattern am Leben
zu lassen, besonders Caracciolo, welcher alle Winkel und
Schluchten unserer Küsten kennt. Ha, wenn ich mit den
zwölftausend Mann Russen in Neapel einziehen könnte,

welche man mir versprochen und welche jener Thugut, unser
geschworener Feind, abgehalten hat, nach Italien abzu-
marschiren! Dann würde ich machen, was ich wollte. Der
Ruhm aber, Alles zu Ende zu führen, ist Ihnen und unseren
wackeren Landsleuten vorbehalten, und zwar ohne andern
Beistand als den Gottes und seiner unendlichen Barmherzigkeit.

                              »Ferdinand B.«

Wir lassen nun den Brief der Königin folgen und
ändern, ebenso wenig als bei dem so eben mitgetheilten
Bruchstück, an dem Inhalt keine Sylbe. Man wird darin
stets denselben Geist der Heuchelei und Hartnäckigkeit erkennen.

»Ich schreibe Ihnen nicht alle Tage, Eminenz, obschon ich dies gern möchte, denn ich respectire Ihre schwierigen und mannigfachen Mühewaltungen und empfinde, wie
ich ausdrücklich erkläre, die lebhafteste Dankbarkeit für die
Versprechungen von Nachsicht und die Ermahnungen zur
Unterwerfung, obschon die halsstarrigen Patrioten sich
immer noch nicht haben ergeben wollen.

»Es betrübt mich dies sehr um der Uebel willen, welche
diese Halsstarrigkeit zur Folge haben wird und die Ihnen
immer mehr den Beweis liefern, daß bei solchen Leuten
keine Reue zu hoffen ist.

»Gleichzeitig mit diesem Briefe wird wahrscheinlich
Nelson mit seinem Geschwader bei Ihnen ankommen. Er
wird den Republikanern den Befehl überbringen, sich ohne
Bedingung zu ergeben. Man sagt, Caracciolo werde ent-
rinnen. Dies sollte mir sehr leid thun, denn ein solcher
Schurke könnte furchtbar gefährlich werden. Deshalb

wünschte ich sehr, daß dieser Verräther außer Stand gesetzt würde, Unheil anzurichten.

»Ich fühle, wie sehr die Gräuel, welche Sie, Eminenz, in Ihrem Briefe vom 17. dieses dem König erzählen, Ihr Herz betrüben müssen. Was mich jedoch betrifft, so scheint mir, daß wir gethan haben, was wir gekonnt, daß wir mit solchen Rebellen schon allzu nachsichtig umgegangen sind und daß wir, wenn wir mit ihnen unterhandeln, uns nur erniedrigen, ohne Nutzen davon zu haben.

»Ich sage Ihnen daher nochmals, mit San Elmo, welches sich in den Händen der Franzosen befindet, kann man unterhandeln; wenn dagegen die beiden andern Castelle sich auf Nelson's Aufforderung nicht sofort und ohne alle und jede Bedingung ergeben, so werden sie mit Gewalt genommen und behandelt werden, wie sie es verdienen.

»Eine der ersten und nothwendigsten Maßregeln ist, den Cardinal-Erzbischof in das Kloster Monte Virgine oder irgend in ein anderes, dafern er nur außerhalb seiner Diöcese ist, gefangen zu setzen. Sie sehen selbst ein, Eminenz, daß er nicht mehr Hirt einer Heerde sein, welche er irre zu leiten gesucht, noch die Sacramente austheilen kann, mit welchen er so großen Mißbrauch getrieben. Mit einem Wort, es ist unmöglich, daß ein Mann, der so unwürdig gesprochen und sein Amt gemißbraucht, ausübender Erzbischof von Neapel bleibe.

»Uebrigens gibt es — und Sie werden dies nicht vergessen, Eminenz, — noch viele andere Bischöfe, die sich in demselben Falle befinden, wie unser Erzbischof. So nenne ich z. B. La Torre, Natale, Vica Equense und Rossini,

troß seines Tedeums. Dieser Lehtere kann wegen seines in
Tarent gedruckten Pastorale eben so wie viele andere aner-
kannte Rebellen nicht in der Verwaltung seiner Kirche be-
lassen werden.

»Dasselbe ist mit drei anderen Bischöfen der Fall,
welche einen armen Priester denuncirt, der kein anderes Verbrechen begangen, als daß er gerufen: Es lebe
der König! Es sind dies nichtswürdige Mönche und ver-
worfene Priester, welche selbst den Abschen der Franzosen
erregt haben, und ich bestehe auf ihrer Bestrafung, weil
sie Einfluß auf die öffentliche Meinung äußern, denn welches
Vertrauen können die Völker zu diesen angeblichen Seelen-
hirten haben, wenn sie dieselben gegen den König em-
pören sehen? Und bedenken Sie, wie verderblich würde es
für diese selben Völker sein, diese Priester als Verräther,
Rebellen und Abtrünnige noch ferner ihr heiliges Amt
verwalten zu sehen.

»Ich spreche nicht von dem, was Neapel betrifft, denn
Neapel ist noch nicht unser. Alle, welche dort herkommen,
erzählen uns entsetzliche Geschichten davon.

»Es betrübt mich dies tief, aber was können wir
thun? Ich lebe fortwährend in Unruhe und Besorgniß und
erwarte jeden Augenblick die Nachricht, daß Neapel genommen und die Ruhe daselbst wieder hergestellt ist. Dann
werde ich Ihnen meine Ideen mittheilen und dieselben
Ihren Kenntnissen und Ihrer Einsicht unterbreiten — einer
Einsicht, welche ich mit jedem Tage mehr bewundere und
wodurch Ew. Eminenz in den Stand gesetzt worden sind,
Ihre glorreiche Mission zu übernehmen und ein verlornes
Königreich ohne Geld und ohne Armee wiederzuerobern.«

„Es bleibt Ihnen, Eminenz, nun ein noch größerer Ruhm vorbehalten, nämlich der, dieses Königreich auf den Grundlagen einer wahren und soliden Ruhe neu zu organisiren.

„Mit jenen Gefühlen der Billigkeit und Dankbarkeit, welche ich meinem treuen Volke verdanke, gebe ich Ihnen, Eminenz, anheim, zu bedenken, was während der letztvergangenen sechs Monate geschehen ist, und mit Ihrem Scharfsinn zu entscheiden, was Sie ferner zu thun haben."

„Die beiden Hamilton begleiten Lord Nelson auf seiner Reise.

„Gestern sah ich Ihre Schwester, Eminenz, und Ihren Bruder Pepe Antonio, der sich vollkommen wohl befindet. Seien Sie überzeugt, Eminenz, daß meine Dankbarkeit sich auf alle Personen erstreckt, die Ihnen angehören, und daß ich überdies bleibe Ihre aufrichtige ewige Freundin

„20. Juni 1799.

„Caroline."

Diese beiden Briefe, auf welche die Ankunft der Flotte folgte, brachten den Cardinal auf den Gedanken, sich in Bezug auf die Tracte der Aufgabe Nelson's zu widersetzen, während dagegen die Patrioten, als sie das neue, den Sieger von Abukir tragende Schiff die großbritannische Flagge aufhissen sahen, sich, weil sie zu dem englischen Admiral mehr Zutrauen hatten als zu Ruffo, freuten, anstatt nun mit einem Haufen Banditen mit einer großen Nation zu thun zu haben.

In dem Augenblick, wo Nelson die rothe Flagge aufgezogen und dieselbe durch einen Kanonenschuß bekräftigt

hatte, sah man mitten in dem Rauche, der die Flanke des Schiffes einhüllte, die Jolle des Commandanten abstoßen.
Diese Jolle, in welcher sich zwei Offiziere, ein Bootsmann und zehn Ruderer befanden, steuerten in gerader Linie nach der Magdalenenbrücke und der Cardinal zweifelte nun keinen Augenblick mehr daran, daß er es sei, den die in der Jolle kommenden Officiere suchten.

In der That landeten sie in der Marinella.

Als der Cardinal sah, daß sie sich bei auf dem Quai herumschlendernden Lazzaroni erkundigten, und in der Voraussetzung, daß diese Erkundigungen den Zweck hätten, seine Wohnung zu erfahren, schickte er ihnen seinen Secretär Sacchinelle mit dem Auftrage entgegen, sie zu ihm zu führen.

Einen Augenblick später meldete man dem Cardinal die Capitäne Ball und Truebridge.

Die beiden Officiere traten in das Cabinet des Cardinals mit jener den Engländern eigenthümlichen Steifheit, einer Steifheit, die durch den hohen Rang, welchen Ruffo in der katholischen Prälatur einnahm, nicht vermindert ward, denn Ball und Truebridge waren Protestanten.

Es schlug vier Uhr. Truebridge, welcher der Aeltere von beiden war, näherte sich dem Cardinal, welcher seinerseits den Beiden Officieren einen Schritt entgegengegangen war, und überreichte ihm ein großes Couvert mit dem rothen Wappensiegel Englands.

Da das Nachfolgende eine schwere Anklage gegen das Andenken Nelson's enthält, so halten wir es für nicht unnöthig, nochmals zu sagen, daß alle hier angeführten Briefe bis auf die kleinsten Billets historisch sind, und daß

wir, wenn es sein müßte, diese Briefe autographirt mittheilen könnten, denn die Originale stehen zu unserer Verfügung.

Der Cardinal richtete sein Benehmen nach dem der
beiden Boten, machte eine leichte Verbeugung, erbrach das
rothe Siegel und las Folgendes:

„Am Bord des „Donnerers" *) drei Uhr Nachmittags im Golf von Neapel.

„Eminenz!

„Mylord Nelson ersucht mich, Sie zu benachrichtigen, daß er von dem Capitän Föste, Commandanten der
Fregatte „Seahorse", eine Abschrift von der Capitulation
empfangen hat, welche Sie angemessen gefunden mit den
Commandanten des Castells San Elmo, des Castello
Nuovo und des Castello d'Uovo abzuschließen. Er mißbilligt
diese Capitulationen vollständig und ist entschlossen, mit
der imposanten Streitmacht, welche er die Ehre hat zu
commandiren, nicht neutral zu bleiben. Demzufolge hat
er die Capitäne Truebridge und Ball, welche die Schiffe
„Culloden" und „Alexander" commandiren, an Sie abgesendet. Diese beiden Capitäne sind von Mylord Nelson's
Meinungen vollkommen unterrichtet und werden die Ehre
haben, dieselben Ihnen, Eminenz, ausführlich darzulegen.
Mylord hofft, daß Sie, Eminenz, derselben Ansicht sein
werden wie er und daß er morgen mit Tagesanbruch mit
Ihnen gemeinschaftlich operiren können wird. Das Ziel
kann nur ein und dasselbe sein, nämlich den gemeinsa-

---

*) Dies war der Name von Nelson's neuem Schiff, welches am
nächstfolgenden 28. Juni sich eine so traurige Berühmtheit
erwarb.

men Feind zu besiegen und die rebellischen Unterthanen der Gnade Seiner sicilischen Majestät anheimzugeben.

»Ich habe die Ehre zu sein

»Ew. Eminenz gehorsamer Diener

»W. Hamilton,

»außerordentlicher Gesandter Seiner britischen Majestät bei Seiner sicilischen Majestät.«

Welchen Widerstand Ruffo auch erwartet haben mochte, so hatte er doch niemals geglaubt, daß dieser Widerstand in so positiver und imposanter Weise zu Tage treten würde.

Er las den in französischer, das heißt in der diplomatischen Sprache geschriebenen Brief zum zweiten Male. Der Brief war von Sir William nicht blos mit seinem Namen, sondern auch mit seinem vollen Titel unterzeichnet, und es war daher klar, daß Sir William nicht blos in Mylord Nelson's, sondern auch in Englands Namen sprach.

In dem Augenblick, wo, wie wir gesagt haben, der Cardinal den Brief zum zweiten Mal gelesen, fragte der Capitän Truebridge sich leicht verneigend:

»Haben Sie gelesen, Eminenz?«

»Ja, mein Herr, ich habe gelesen.« antwortete der Cardinal; »ich gestehe Ihnen aber, daß ich nicht verstanden habe.«

»Sie werden aber aus Sir Williams Briefe ersehen haben, Eminenz, daß wir, Capitän Ball und ich, da wir von Mylords Absichten vollständig unterrichtet sind, alle Fragen beantworten können, welche es Ihnen belieben wird an uns zu richten.«

»Ich werde blos eine thun, mein Herr.«

Truebridge verneigte sich leicht.

„Bin ich,"· fuhr der Cardinal fort, „meiner Vollmacht
als Generalvicar entsetzt, und ist jetzt Mylord Nelson damit
bekleidet?"

„Ob Sie, Eminenz, Ihrer Vollmacht als Generalvicar entsetzt sind und ob Mylord Nelson damit bekleidet
ist, wissen wir nicht, wohl aber wissen wir, daß Mylord
Nelson die Befehle der sicilischen Majestäten empfangen,
daß er die Ehre gehabt hat, Ihnen, Eminenz, seine Absichten kundzugeben und daß er für den Nothfall zwölf
Linienschiffe zu seiner Verfügung hat, um seinen Absichten
Nachdruck zu geben."

„Und haben Sie mir in Mylord Nelson's Auftrage
weiter nichts mitzutheilen, mein Herr?"

„O doch. Wir haben Sie, Eminenz, um eine positive
Antwort auf die Frage zu bitten: Würde im Falle einer
Wiederaufnahme der Feindseligkeiten gegen die Rebellen
Mylord Nelson auf Ew. Eminenz Mitwirkung rechnen
können?"

„Erstens, meine Herren, gibt es keine Rebellen mehr,
denn die Rebellen haben ihre Unterwerfung erklärt. Von
dem Augenblick an aber, wo es keine Rebellen mehr gibt,
ist es überflüssig, gegen dieselben zu Felde zu ziehen."

„Diese Subtilität hat Mylord Nelson vorausgesehen,
und ich werde daher in seinem Auftrage die Frage so stellen: Werden Sie, Eminenz, für den Fall, daß Mylord
Nelson gegen die, mit welchen Sie unterhandelt haben,
marschiren würde, gemeinschaftliche Sache mit ihm machen?"

„Die Antwort wird ebenso klar sein, als die Frage,
mein Herr. Nicht blos werden ich und meine Leute nicht
gegen die marschiren, mit welchen ich unterhandelt habe,

sondern ich werde mich auch mit meiner ganzen Macht einer Verletzung der von mir unterzeichneten Capitulation widerseßen."

Die englischen Officiere wechselten einen Blick. Es war klar, daß sie diese Antwort erwartet hatten und daß es ganz besonders die war, welche sie zu holen gekommen waren.

Der Cardinal fühlte, wie ihm der Zorn durch alle Glieder rieselte.

Dabei bedachte er jedoch, daß die Sache eine sehr ernste Wendung nehmen könne und er deshalb jeden Zweifel beseitigen müsse, so daß eine nähere Erklärung mit Lord Nelson unumgänglich nothwendig werden würde.

„Hat Mylord Nelson," sagte er, „den Fall vorausgesehen, daß ich eine Conferenz mit ihm zu haben wünsche, und sind Sie, meine Herren, für diesen Fall autorisirt, mich an Bord seines Schiffes zu bringen?"

„Mylord Nelson hat uns in dieser Beziehung nichts gesagt, Herr Cardinal, dennoch aber haben wir vollen Grund zu glauben, daß ein Besuch von Ihnen ihm stets zur Ehre und zum Vergnügen gereichen würde."

„Mein Herr," sagte der Cardinal, „dies erwartete ich von Ihrer Courtoisie. Wenn wir vielleicht aufbrechen wollen — ich bin bereit."

Und er machte eine Bewegung nach der Thür.

„Wir," antwortete Truebridge, „sind bereit, Ihnen zu folgen, Eminenz. Wenn Sie bereit sind, so bitten wir uns den Weg zu zeigen."

Der Cardinal ging rasch die in den Hof führende

Treppe hinunter, lenkte seine Schritte nach dem Strande und winkte der Schaluppe heranzukommen.

Die Schaluppe gehorchte, der Cardinal sprang, sobald sie nahe genug war, mit der Gewandtheit eines jungen Mannes hinein, und setzte sich zwischen die beiden Officiere auf den Ehrenplatz. Auf das Commando: »Vorwärts!« senkten sich die zehn Ruder in das Meer und die Schaluppe flog mit der Schnelligkeit eines Vogels über die Wogen hinweg.

Fünftes Capitel.

Die lesbische Nemesis.

Der Cardinal war mit seinem Purpurgewand bekleidet. Nelson, der auf dem Deck seines Schiffes stand und das Fernrohr an sein noch übriges Auge hielt, erkannte ihn und ließ ihn durch hundert Kanonenschüsse begrüßen.

Als der Cardinal die Ehrentreppe erreichte, sah er Nelson, der ihn auf der ersten Stufe erwartete.

Beide verneigten sich gegen einander, konnten aber kein Wort wechseln.

Nelson sprach weder italienisch noch französisch; der Cardinal verstand allerdings das Englische, sprach es aber nicht.

Nelson zeigte dem Cardinal den Weg nach seiner Cajüte.

Hier fand er Sir William und Emma Lyonna. Er erinnerte sich nun jener Stelle im Briefe der Königin, wo es hieß:

„Die beiden Hamilton begleiten Lord Nelson auf seiner Reise."

Dies ging folgendermaßen zu:

„Der Capitän Foote, welcher von dem Cardinal abgesendet worden war, um die Capitulation nach Palermo zu befördern, war auf der Höhe der lybarischen Inseln der englischen Flotte begegnet, und da er Nelson's Schiff an der Admiralsflagge erkannt, gerade auf dieses zugesteuert. Nelson seinerseits hatte das „Seahorse" erkannt und Befehl zum Beilegen gegeben.

Der Capitän Foote stieg in das Boot und begab sich an Bord des „Donnerers".

Der „Vanguard" war dermaßen zerschossen, daß man ihn besonders in Bezug auf einen etwa bevorstehenden Kampf für unbrauchbar hatte erklären müssen, und wir haben bereits gesagt, daß Nelson seine Flagge am Bord des neuen Schiffes übergetragen hatte.

Foote, welcher nicht erwartete dem Admiral zu begegnen, hatte keine Abschrift von der Capitulation genommen, da er sie aber mit unterschrieben und mit der größten Aufmerksamkeit gelesen und discutirt, so konnte er Nelson nicht blos davon in Kenntniß setzen, sondern ihm auch die Ausdrücke sagen, in welchen sie abgefaßt war.

Gleich bei den ersten Worten, welche der Capitän Foote sprach, sah er, wie das Gesicht des Admirals sich verdüsterte.

In der That steuerte er auf dringende Bitte der Königin und um ihretwillen von den Befehlen des Admirals Keith, den ihm befohlen, dem französischen Geschwader entgegenzusegeln und es anzugreifen, abweichend, mit vollen

Segeln nach Neapel, um Ruffo im Namen der ficilifchen
Majeftäten den Befehl zu überbringen, mit den Republikanern unter keinem Vorwand zu unterhandeln.

Jetzt, nachdem er bereits ein Drittel des Weges zurückgelegt, erfuhr er nun, daß er zu spät ankommen würde,
und daß die Capitulation bereits seit zwei Tagen unterzeichnet war.

Da dieser Fall nicht vorausgesehen war, so mußte
Nelson neue Instructionen abwarten.

Demzufolge befahl er dem Capitän Foote seinen Weg
mit möglichster Beschleunigung weiter fortzusetzen, während
er selbst liegen bliebe und vierundzwanzig Stunden auf ihn
wartete.

Der Capitän Foote kehrte auf sein Schiff zurück und
fünf Minuten später spaltete dasselbe die Wogen mit der
Schnelligkeit des Thieres, dessen Namen es trug.

Noch denselben Abend ging er auf der Rhede von Palermo vor Anker.

Die Königin bewohnte ihre Villa, die Favorita. Dieselbe stand ungefähr eine Wegstunde von der Stadt, welche
sich selbst den Beinamen der Glücklichen gegeben.

Der Capitän sprang in einen Wagen und ließ sich
nach der Favorita fahren.

Der Himmel glich einem mit Goldsternen gestickten
blauen Teppich und der Mond übergoß das reizende Thal,
welches nach Castellamare führt, mit seinem Silberlicht.

Der Capitän nannte sich und ließ melden, daß er von
Neapel käme und Ueberbringer wichtiger Nachrichten sei.

Die Königin promenirte eben mit Lady Hamilton, die

beiden Freundinnen waren nach dem Strande gegangen, um die doppelte Frische der Nacht und des Meeres einzuathmen. Der König war allein in der Villa.

Foote, welcher die Macht kannte, die Caroline auf ihren Gemal ausübte, war unschlüssig, ob er nicht lieber zuerst die Königin aufsuchen solle, als ihm plötzlich gesagt ward, daß der König, der seine Ankunft erfahren, ihm sagen ließe, er erwarte ihn.

Nun konnte von längerem Zögern keine Rede mehr sein. Diese Einladung des Königs war ein Befehl und der Capitän verfügte sich daher zu ihm.

»Ah, Sie sind es, Capitän,« sagte der König, als er ihn erkannte. »Man sagt, Sie bringen Nachrichten von Neapel. Sind dieselben gut oder schlecht?«

»Die Nachrichten, die ich bringe, Sire, sind, wenigstens meiner Ansicht nach, ganz vortrefflich, denn ich kann Ihnen mittheilen, daß der Krieg beendet, daß Neapel genommen ist und daß es in zwei Tagen in Ihrer Hauptstadt keinen einzigen Republikaner und in acht Tagen in Ihrem Königreiche keinen einzigen Franzosen mehr geben werde.«

»Wie meinen Sie das?« entgegnete der König. »Kein Franzose mehr im Königreich, das laß ich mir gefallen — je weiter diese tollen Bestien von uns entfernt sind, desto besser wird es sein. Aber kein Patriot mehr in Neapel! Wo sollen diese denn sein? Auf dem Boden des Meeres?«

»Nicht ganz, aber sie werden mit vollen Segeln nach Toulon schwimmen.«

»Na, zum Teufel, mir soll das gleich sein! Dafern

man mich nur ihrer entledigt, so verlange ich weder etwas Besseres noch etwas Anderes. Ich sage Ihnen aber im voraus, Capitän, daß die Königin nicht zufrieden damit sein wird. Und wie kommt es, daß diese Menschen nach Toulon segeln, anstatt in den Gefängnissen von Neapel zu sitzen?«

»Der Cardinal hat sich genöthigt gesehen, mit ihnen zu capituliren.«

»Der Cardinal hat trotz der Briefe, die wir ihm geschrieben, mit den Rebellen capitulirt? Und unter welchen Bedingungen hat er capitulirt?«

»Sire, hier ist ein Convert, in welchem sich eine Abschrift des von dem Cardinal geschlossenen Vertrages befindet.«

»Das geben Sie der Königin selbst, Capitän. Ich befasse mich damit nicht. Zum Teufel! Die erste Person, an welche sie, nachdem sie Ihre Depesche gelesen, Capitän, die Hand legt, wird eine schlimme Viertelstunde verleben.«

»Der Cardinal zeigte uns seine Vollmacht als Generalvicar, und nachdem wir diese Vollmacht gelesen, unterzeichneten wir den Tractat gleichzeitig mit ihm.«

»Sie haben also ebenfalls mit unterzeichnet?«

»Ja, Sire — ich im Namen Großbritanniens, Bailly im Namen Rußlands und Achmet Bey im Namen der Pforte.«

»Und Sie haben Niemanden von der Capitulation ausgeschlossen?«

»Nein, Niemanden.«

»Zum Teufel! Nicht einmal Caracciolo? Wohl auch nicht einmal die San Felice?«

„Nein, Niemanden.«

„Mein lieber Capitän, ich werde sofort meinen Wagen anspannen lassen und nach Ficuzza abreisen. Ziehen
Sie sich aus dieser Angelegenheit, so gut Sie können. Eine
allgemeine Amnestie nach einer solchen Rebellion! Das ist
noch nicht dagewesen. Was werden meine Lazzaroni sagen,
wenn man ihnen nicht das Vergnügen macht, wenigstens
ein Dutzend Republikaner aufzuknüpfen? Sie werden sagen,
ich sei ein Undankbarer.«

„Und wer wird es verhindern, daß man sie auf-
knüpfe?« fragte die gebieterische Stimme der Königin,
welche, als sie gehört, es sei ein englischer Officier mit
wichtigen Nachrichten bei dem König angelangt, sich sofort
nach den Gemächern ihres Gemals begeben und nachdem
sie hier, ohne gesehen zu werden, eingetreten, die von
Ferdinand ausgesprochenen Worte des Bedauerns gehört
hatte.

„Unsere Herren Alliirten, Madame, welche mit den
Rebellen unterhandeln und ihnen, wie es scheint, Sicherheit des Lebens garantirt haben,« sagte der König.

„Und wer hat gewagt dies zu thun?« fragte die Königin mit solcher Wuth, daß man sie mit den Zähnen knir-
schen hörte.

„Der Cardinal, Majestät,« antwortete der Capitän
Foote in ruhigem, gefaßtem Tone, »und wir mit ihm.«

„Der Cardinal?« wiederholte die Königin, indem sie
ihrem Gemal einen Seitenblick zuwarf, als ob sie sagen
wollte:

„Da siehst Du! So handelt deine Creatur.«

„Und Seine Eminenz,« fuhr der Capitän fort, »bit-

tet Euer Majeftät, von der Capitulation Kenntniß zu
nehmen.«

Gleichzeitig überreichte er der Königin das Souvert.

»Es ist gut, mein Herr,« sagte diese. »Wir danken
Ihnen für die Mühe, die Sie sich gegeben.«

Damit kehrte sie dem Capitän den Rücken.

»Ich bitte um Verzeihung, Majeftät,« sagte der
Capitän Foote immer noch mit derselben Ruhe; »ich habe
mich erft der Hälfte meines Auftragrs entledigt.«

»Nun, dann entledigen Sie fich der andern Hälfte so
ichnell als möglich,« sagte die Königin. »Sie können fich
denken, daß ich große Eile habe, diefes merkwürdige Acten-
ftück zu lefen.«

»Ich werde mich so kurz als möglich faffen, Majeftät,«
fuhr der Capitän fort. »Auf der Höhe der liparifchen In-
ieln begegnete ich dem Admiral Nelfon. Ich theilte ihm den
Inhalt der Capitulation mit und er befahl mir, Euer Majeftät Befehle einzuholen und ihm diefelben fofort zu überbringen.«

Die Königin hatte fich bei den erften Worten wieder
herumgedreht und verfchlang, den englifchen Capitän feft
anfchauend, keuchend jedes feiner Worte.

»Sie find dem Admiral begegnet?« rief fie. »Er erwartet meine Befehle? Dann ift noch nicht Alles verloren.
Kommen Sie mit, Sire.«

Vergebens aber fah fie fich nach dem König um. Diefer war verfchwunden.

»Es thut nichts,« fagte fie. »Ich brauche Niemanden,
um zu thun, was mir zu thun übrig bleibt.«

Dann wendete sie sich wieder zu dem Capitán und
sagte:

„In einer Stunde, Capitán, sollen Sie Ihre Antwort
haben."

Mit diesen Worten verließ sie das Zimmer.

Einen Augenblick später hörte man die Klingel der
Königin wüthend läuten. Die dienſthabende Ehrendame der
Königin war an diesem Tage die Marquise de San Cle-
mente. Dieselbe kam herbeigeeilt.

„Ich habe Ihnen eine gute Neuigkeit mitzutheilen,
liebe Marquise," sagte die Königin. „Ihr Freund Nicolino
wird nicht gehängt werden."

Es war das erſte Mal, daß die Königin im Geſpräch
mit der Marquise auf die Liebſchaften der letzteren an-
ſpielte.

Diese empfing den Stoß in die volle Bruſt, und war
einen Augenblick lang wie betäubt. Dennoch aber war sie
nicht die Frau, welche eine solche Anrede ohne Antwort ge-
laſſen hätte.

„Ich wünſche," sagte sie, „erſtens mir dann aber auch
Euer Majeſtät Glück dazu. Ein enthaupteter oder gehäng-
ter Caracciolo läßt auf einer Regierung stets einen furchtbaren Flecken zurück."

„Aber nicht, wenn sie die Königinnen ohrfeigen, *)
denn dann erniedrigen sie ſich zu pöbelhaften Grobianen,

---

*) Caracciolo Sergianl, Liebhaber der Königin Johanna, beging
bei einem Streit mit seiner königlichen Geliebten die Unklugheit
ihr eine Ohrfeige zu geben und mußte daher den dem Königthum
angethanen Schimpf mit seinem Kopfe büßen.

und auch nicht, wenn sie gegen die Könige conspiriren, denn dann erniedrigen sie sich zu Verräthern.«

»Hoffentlich,« entgegnete die Marquise von San Clemente, »haben Euer Majestät mir nicht die Ehre erzeigt, mich rufen zu lassen, um mit mir eine historische Discussion zu beginnen.«

»Nein,« sagte die Königin, »ich habe Sie vielmehr rufen lassen, um Ihnen zu sagen, daß, wenn Sie Ihre Glückwünsche Ihrem Geliebten selbst überbringen wollen, Sie nichts hier zurückhält.«

Die Marquise von San Clemente verneigte sich zum Zeichen der Zustimmung.

»Und dann,« fuhr die Königin fort, »um Lady Hamilton sagen zu lassen, daß ich sie augenblicklich erwarte.«

Die Marquise verließ das Zimmer und die Königin hörte, wie sie ihrem Lakai befahl, Emma Lyonna zu benachrichtigen.

Die Königin ging rasch nach der Thür, riß dieselbe zornig auf und rief mit jener gellenden Stimme, welche bei ihr den Paroxysmus der Wuth verkündete:

»Warum übertragen Sie diesen Befehl einem Andern, Marquise, wenn ich denselben Ihnen ertheilt habe?«

»Weil ich, da ich nicht mehr in Ew. Majestät Diensten stehe, von Niemanden Befehle zu empfangen habe, nicht einmal von der Königin.«

Und mit diesen Worten verschwand sie in den Corridore.

»Unverschämte!« rief Caroline. »O, wenn ich mich nicht räche, so sterbe ich vor Wuth.«

Emma Lyonna kam eiligst herbei und sah, wie die

Königin sich auf einem Sopha wälzte und mit ihren schönen Zähnen in die Polsterkissen biß.

»Ach, mein Gott! Was fehlt Ihnen, Majestät? Was ist geschehen?«

Als die Königin Emma Lyonna's Stimme vernahm, richtete sie sich empor und sprang wie eine Pantherkatze auf die schöne Engländerin zu.

»Was geschehen ist, fragst Du, Emma? Weiter nichts, als daß, wenn Du mir nicht zu Hilfe kommst, das Königthum auf immer entehrt ist, und daß mir nichts übrigbleibt, als nach Wien zurückzukehren und dort als einfache Erzherzogin von Oesterreich zu leben.«

»Mein Gott, und ich komme ganz erfreut herbeigeeilt! Man sagte mir, es sei Alles vorüber, Neapel sei genommen, und ich stand schon auf dem Punkt, nach London zu schreiben, damit man uns das Neueste und Frischeste an Ballroben zu den Festen schicke, zu welchen, wie ich voraussah, Ihre Rückkehr Anlaß geben würde.«

»Du sprichst von Festen! Wenn wir unsere Rückkehr nach Neapel durch Feste feiern, dann wird man sie Feste der Schmach nennen können. O dieser erbärmliche Cardinal!«

»Aber, Majestät!« rief Emma, »ist es denn der Cardinal, der Sie in so gewaltigen Zorn versetzt hat?«

»Ach, wenn Du erfahren wirst, was dieser falsche Priester gethan hat!«

»Er kann nichts thun, was Ihnen das Recht gäbe, sich selbst umzubringen, wie Sie zu thun scheinen. Was sind dies für rothe Flecken auf Ihren schönen Armen? Erlauben Sie mir diese Spuren von Ihren Zähnen mit meinen Lippen zu tilgen. Was sind dies für Thränen, die in

Ihren schönen Augen brennen? Lassen Sie mich dieselben
mit meinem Athem kühlen! Was sind das für Bisse, die
Ihre Lippen bluten machen? Lassen Sie mich dieses Blut
durch meine Küsse aufsaugen. O, diese böse Königin, welche
mild und gnädig ist gegen Alle, nur nicht gegen sich selbst.«

Und während Lady Hamilton so sprach, berührte sie
mit ihrem Munde Carolinens Arme, dann ihre Augen und
dann ihre Lippen.

Der Busen der Königin schwoll, wie als ob sich zu
ihrem Zorn ein sanfteres, aber nicht weniger mächtiges Ge-
fühl gesellte.

Sie schlang ihre Arme um Emma's Hals und zog sie
mit sich auf ein Sopha.

»Ja, ja, Du allein liebst mich!« sagte sie, indem sie
ihr ihre Liebkosungen mit einem gewissen Grade von Wuth
zurückgab.

»Und ich liebe Sie für Alle,« antwortete Emma, durch
die Umarmungen der Königin halb erstickt; »glauben Sie
mir dies, meine königliche Freundin.«

»Wohlan, wenn Du mich wahrhaft liebst,« sagte die
Königin, »dann ist jetzt der Augenblick gekommen, es mir
zu beweisen.«

»Befehlen Sie, Majestät, und ich werde gehorchen,
weiter kann ich nichts sagen.«

»Du weißt wohl, was geschehen ist, nicht wahr?«

»Ich weiß, daß ein englischer Officier angekommen
ist, um Ihnen im Auftrage des Cardinals eine Capitulation
zu überbringen.«

»Sieh',« sagte die Königin, indem sie auf mehrere auf
dem Teppich zerstreut umherliegende zerknitterte Papier-

setzen zeigte, "da liegt seine Capitulation. Ha! Mit diesen Verworfenen zu unterhandeln! Ihnen Sicherheit des Lebens zu verbürgen, ihnen Schiffe zu geben, um sie nach Toulon zu bringen! Als ob die Verbannung eine hinreichende Strafe für das Verbrechen wäre, welches sie begangen! Und dies, dies," fuhr die Königin mit verdoppelter Wuth fort, "nachdem ich geschrieben, Niemanden Gnade angedeihen zu lassen."

"Auch nicht einmal dem schönen Rocca Romana?" fragte Emma lächelnd.

"Rocca Romana," sagte die Königin, "hat seine Fehler dadurch, daß er zu uns zurückgekehrt ist, wieder gutgemacht. Doch darum handelt es sich nicht," fuhr die Königin, indem sie Emma an ihre Brust drückte, fort. "Höre wohl, es bleibt mir noch eine Hoffnung und ich habe Dir schon gesagt, diese Hoffnung beruht ganz auf Dir."

"Dann, meine schöne Königin," sagte Emma, indem sie Carolinens Haar theilte und sie auf die Stirn küßte, "wenn Alles von mir abhängt, so ist nichts verloren."

"Von Dir und von Nelson," sagte die Königin.

Ein Lächeln von Emma Lyonna antwortete der Königin beredter, als Worte, wie bejahend sie auch gewesen wären, es hätten thun können.

"Nelson," fuhr die Königin fort, "hat den Tractat nicht mit unterzeichnet und er muß sich deswegen weigern, denselben zu ratifiziren."

"Ich glaubte aber, in seiner Abwesenheit hätte der Capitän Foote in seinem Namen unterzeichnet?"

"Gerade in diesem Umstande liegt die Pointe. Nelson wird sagen, daß, da er dem Capitän Foote keine Vollmacht ertheilt, dieser auch nicht das Recht gehabt habe, zu thun, was er gethan hat.«'

„Nun und?« fragte Emma.

„Nun, Du mußt Nelson dahinbringen — und für Dich, Zauberin, wird das etwas Leichtes sein — Du mußt ihn dahinbringen, daß er es mit dieser Capitulation ebenso macht wie ich — daß er sie nämlich in Fetzen reißt.«'

„Man wird es versuchen,« sagte Lady Hamilton mit ihrem Sirenenlächeln. „Aber wo ist Nelson?«

„Er kreuzt auf der Höhe der liparischen Inseln. Er erwartet Foote mit meinen Befehlen. Wohlan; diese Befehle wirst Du ihm überbringen. Glaubst Du, daß er sich freuen werde, Dich zu sehen? Glaubst Du, daß es ihm einfallen werde, diesen Befehlen, wenn dieselben, einer nach dem andern deinem Munde entfallen, zu widersprechen?«

„Und wie lauten Ihre Befehle, Majestät?«

„Kein Vertrag, keine Gnade! Verstehst Du? Ein Caracciolo zum Beispiel, der uns beschimpft, der mich verrathen hat, dieser Mensch soll frank und frei ausgehen, vielleicht um in Frankreich Dienste zu nehmen und später zurückzukommen, um die Franzosen an irgend einem schutzlosen Küstenpunkt unseres Königreiches wieder ans Land zu setzen? Sprich, willst Du nicht auch wie ich, daß dieser Mann sterbe?«

„Ich will Alles, was meine Königin will.«

„Wohlan, deine Königin, die dein gutes Herz kennt, will, daß Du ihr schwörst, Dich durch keine Bitte, kein Flehen erweichen zu lassen. Schwöre mir daher, daß Du sähest Du auch die Mütter, die Schwestern, die Töchter der

Verurtheilten vor Dir knieen, Du doch antworten würdest, was ich selbst antworten würde: Nein! nein! nein!«

»Ich schwöre Ihnen, meine theure Königin, eben so unerbittlich zu sein als Sie.«

»Wohlan, weiter verlange ich nichts. O theure Freundin meines Herzens, Dir werde ich den schönsten Diamant meiner Krone, die Würde, zu verdanken haben, denn ich schwöre Dir meinerseits, wenn dieser schimpfliche Vertrag zur Ausführung käme, so würde ich niemals in meine Hauptstadt zurückkehren.«

»Und nun,« sagte Emma lachend, »wäre Alles besprochen bis auf eine Kleinigkeit. Sir William wird mir nicht hinderlich sein, aber dennoch kann ich nicht so allein auf dem Meere umhersegeln und Nelson aufsuchen, ohne von meinem Gemal begleitet zu sein.«

»Dafür laß mich sorgen,« sagte die Königin. »Ich werde ihm einen Brief an Nelson mitgeben.«

»Und mir, was werden Sie mir mitgeben?«

»Erstens diesen Kuß,« antwortete die Königin, indem sie ihre Lippen leidenschaftlich auf die Emma's drückte, »und dann Alles, was Du willst.«

»Gut,« sagte Emma, indem sie sich erhob. »Nach meiner Rückkehr werden wir unsere Rechnungen ausgleichen.«

Dann setzte sie, indem sie der Königin eine ceremoniöse Verbeugung machte, hinzu:

»Wann Euer Majestät befehlen — Ihre unterthänige Dienerin ist bereit.«

»Es ist keine Minute zu verlieren. Ich habe diesem

Dummkopf von Engländer versprochen, daß er in einer Stunde meine Antwort haben solle.«

»Werde ich die Königin wiedersehen?«

»Ich werde Dich erst in dem Augenblick verlassen, wo Du in das Boot steigst.«

Der Königin kostete es, wie sie vorausgesehen, keine Mühe, Sir William zu bestimmen, ihre abschlägige Antwort zu befördern, und eine Stunde, nachdem sie den Capitän Foote verlassen, forderte sie denselben auf, den mit ihren schriftlichen Befehlen versehenen Sir William an Bord seines Schiffes zu empfangen.

Die eigentlichen Befehle aber waren die, welche Emma zwischen zwei Küssen erhalten und welche sie auf dieselbe Weise Nelson übermitteln sollte.

Ganz wie sie versprochen, verließ die Königin ihre Freundin erst auf dem Quai von Palermo und fuhr so lange sie in dem Dunkel ihr nachschauen konnte, fort, ihr durch Schwenken ihres Tuches ein wiederholtes Lebewohl zuzurufen.

So war es gekommen, daß William Hamilton und Emma Lyonna sich am Bord des „Thunderer« oder »Donnerers« befanden.

Aus dem Briefe, welchen der Cardinal empfangen, hat man ersehen, daß die Mission der schönen Gesandtin vollständig gelungen war.

Als der Cardinal in die Cajüte des englischen Admirals trat, warf er einen raschen Blick auf die beiden Personen, die er darin antraf.

Sir William saß in einem Lehnstuhl vor einem Tisch, auf welchem man Tinte, Federn und Papier und auf die-

dem Papier die Fetzen der von der Königin zerrissenen Capitulation sah.

Emma Lyonna lag auf einem Sopha und da man
jetzt in den heißen Monaten des Jahres stand, so fächelte
sie sich mit einem Fächer von Pfauenfedern Kühlung zu.

Nelson, der hinter dem Cardinal eingetreten war,
zeigte ihm einen Sessel und setzte sich ihm gegenüber auf
die Laffette einer Kanone, welche den kriegerischen Schmuck
seiner Cajüte bildete.

Als Sir William den Cardinal eintreten sah, erhob
er sich, Emma Lyonna aber begnügte sich, ihn einfach durch
eine Kopfbewegung zu begrüßen.

Auf dem Verdeck war der Empfang, der dem Cardinal Ruffo durch die Mannschaft zu Theil geworden, trotz
der hundert Kanonenschüsse, womit man seine Ankunft begrüßt, nicht viel höflicher gewesen, und hätte der Cardinal die
von den Matrosen gesprochene Sprache eben so gut verstanden, als er die von Pope und Milton geschriebene Sprache
verstand, so hätte er sich ganz gewiß bei dem Admiral über
die seinem Gewand und seinem Charakter zugefügten Be-
schimpfungen beklagt, von welchen eine der am wenigsten schweren und welche Nelson nicht zu hören sich stellte,
lautete: „Werft ihn in's Wasser, diesen papistischen
Hummer!«

Ruffo begrüßte die beiden Ehegatten mit einer Miene,
die halb Säbel, halb Rosenkranz war, und sagte, sich zu
dem Gesandten Englands wendend: „Sir William, ich
freue mich Ihnen hier zu begegnen, nicht blos weil Sie,
wie ich wenigstens hoffe, als Dolmetscher zwischen Mylord
Nelson und mir fungiren werden, sondern auch weil der

Brief, den Sie mir die Ehre erzeigt, mir zu schreiben, die Regierung, welche Sie repräsentiren, mit in die Frage verwickelt."

Sir William verneigte sich.

„Ich bitte Sie, Eminenz," antwortete er dann, „Mylord Nelson zu sagen, was Sie auf diesen Brief zu antworten haben, und ich werde die Ehre haben, diese Antwort so treu als möglich zu übersetzen."

„Ich habe zu antworten, daß, wenn Mylord in der Bai von Neapel eher angelangt und über die geschehenen Ereignisse besser unterrichtet gewesen wäre, er die Verträge, anstatt zu mißbilligen, ebenso wie ich und mit mir unterzeichnet haben würde."

Sir William übermittelte diese Antwort dem Lord Nelson, welcher mit verneinendem Lächeln den Kopf schüttelte.

Dieses Zeichen brauchte nicht übersetzt zu werden Ruffo biß sich auf die Lippe.

„Ich beharre dennoch dabei, zu glauben," fuhr der Cardinal fort, „daß Mylord Nelson entweder nichts weiß, oder schlecht berathen gewesen ist. In dem einen wie in dem andern Falle kommt es mir zu, ihn über die Situation aufzuklären."

„Klären Sie uns auf, Herr Cardinal. Auf alle Fälle wird es nicht schwer sein. Aufklärung durch Wort oder Beispiel ist eine Ihrer Pflichten."

„Ich werde mich bemühen," sagte der Cardinal mit seinem feinen Lächeln, „obschon ich das Unglück habe, zu Ketzern zu sprechen, was mir, wie Sie selbst zugeben werden, die Aufgabe bedeutend erschwert."

Nun war die Reihe, sich auf die Lippe zu beißen, an Sir William.

„Sprechen Sie,“ sagte er; „wir hören Sie.“

Der Cardinal begann nun in französischer Sprache — beiläufig bemerkt der einzigen, welche man bis jetzt gesprochen — die Erzählung der Ereignisse vom 13. und 14. Juni. Er schilderte den furchtbaren Kampf gegen Schipani, die Vertheidigung des Pfarrers Toscano und seiner Calabresen, welche es vorgezogen hatten, sich lieber in die Luft zu sprengen, als sich zu ergeben. Mit seltener Treue entwarf er das Bülletin eines jeden Tages vom 14. bis zu jenem mörderischen Ausfall in der Nacht vom 18. zum 19, wobei die Republikaner die Batterien der Stadt vernagelt, ein ganzes Bataillon Albanesen vom ersten bis zum letzten Mann niedergemacht, die Toledostraße mit Leichen besäet und selbst nur etwa zehn bis zwölf Mann verloren hatten.

Endlich kam er auf die Nothwendigkeit, in welche er sich versetzt gesehen, einen Waffenstillstand vorzuschlagen, in der Ueberzeugung, daß eine abermalige Schlappe die Sanfediflen entmuthigen würde, welche, wie er offen gestehen müsse, mehr raublustige Plünderer seien als Soldaten, welche in guten wie in bösen Tagen bei ihrer Fahne ausharrten.

Er setzte hinzu, da er durch den König selbst erfahren, daß eine französisch-spanische Flotte im mittelländischen Meer kreuze, so habe er gefürchtet, daß diese Flotte nach dem Hafen von Neapel steuere, wodurch dann Alles wieder in Frage gestellt worden wäre.

Deshalb und vorzüglich aus diesem Grunde habe er

fich beeilt, fich zum Meifter der Caftelle zu machen, um den Hafen in Vertheidigungszuftand halten zu können.

Der Cardinal fchloß damit, daß er fagte, da die Capitulation von beiden Seiten freiwillig, und in gutem Glauben gefchloffen worden, fo müffe fie auch gewiffenhaft beobachtet werden und jedes andere Verfahren könne nur eine Verletzung des Völkerrechtes fein.

Sir William überfetzte Nelfon diefe lange Vertheidigungsrede zu Gunften der Heiligkeit der Verträge; als er aber auf die Befürchtung kam, welche der Cardinal gehegt, die franzöfifche Flotte wieder auf der Rhede von Neapel zu fehen, unterbrach Nelfon den Ueberfetzer und fagte im Tone des beleidigten Stolzes:

„Wußte der Herr Cardinal denn nicht, daß ich da war, und fürchtete er, daß ich die franzöfifche Flotte paffiren und Neapel nehmen laffen würde?"

Sir William fchickte fich an, die Antwort des englifchen Admirals zu überfetzen, der Cardinal hatte aber die Worte, welche diefer gefprochen, fo aufmerkfam angehört, daß er, ehe noch der Gefandte Zeit hatte, den Mund zu öffnen, fagte:

„Mylord, Sie haben ja ein erftes Mal die franzöfifche Flotte durchgelaffen, welche Malta nahm. Derfelbe Unfall konnte Ihnen auch zum zweiten Male begegnen."

Nelfon biß fich auf die Lippe.

Emma Lyonna verhielt fich ftumm und unbeweglich wie eine Marmorbildfäule. Sie hatte ihren Federfächer fallen laffen und glich auf den Ellbogen geftützt einer Nachahmung des farnefifchen Hermaphroditen.

Der Cardinal warf einen Blick auf fie und es war

ihm, als sähe er hinter dieser unbeweglichen Maske das zornige Antlitz der Königin.

»Ich erwarte eine Antwort von Mylord,« fuhr der Cardinal in kaltem Tone fort. »Eine Frage ist keine Antwort.«

»Ich werde diese Antwort an Mylords Stelle geben,« entgegnete Sir William. »Souveräne unterhandeln nicht mit ihren rebellischen Unterthanen.«

»Es ist möglich,« entgegnete Ruffo, »daß die Souveräne nicht mit ihren rebellischen Unterthanen unterhandeln; sobald aber einmal die rebellischen Unterthanen mit ihren Souveränen unterhandelt haben, so ist es Pflicht der letzteren, die aus diesen Verhandlungen hervorgegangenen Verträge zu respectiren.«

»Diese Maxime,« antwortete der englische Admiralr »ist vielleicht die des Herrn Cardinal Ruffo, sicherlich aber nicht die der Königin Caroline, und wenn der Herr Cardinal trotz unserer Versicherung zweifelt, so können Sie ihm die Fetzen des von der Königin zerrissenen Tractacts zeigen, welche Lady Hamilton vom Fußboden des Schlafzimmers Ihrer Majestät aufgelesen und mit an Bord des »Donnerers« gebracht hat. Welche Instructionen der Herr Cardinal als Generalvicar empfangen hat, weiß ich nicht, was jedoch mich betrifft,« fuhr er mit dem Finger auf den zerrissenen Tractat zeigend fort, »so ist dies hier die, welche ich als Admiral und Commandant der Flotte erhalten habe.«

Lord Hamilton gab mit dem Kopfe ein fast unbemerkbares Zeichen der Zustimmung und der Cardinal schien mehr als je überzeugt zu sein, daß sie bei dieser Conferenz ihre königliche Freundin repräsentire.

Da er übrigens sah, daß Nelson dem Gesandten Recht gab, da er ferner begriff, daß es sich in dem vorliegenden Falle darum handelte, nicht blos mit Hamilton, der nur das Echo seiner Gattin war, sondern auch mit diesem Marmormund, der im Auftrage der Königin den Tod brachte und eben so wie der Todsstumm war, in einen Kampf einzutreten, so erhob er sich, näherte sich dem Tisch, an welchem Hamilton saß, glättete eines der zusammengeknitteten Stücke des von Carolinens fieberhaften Händen zerrissenen Tractats und erkannte um so mehr, daß dies wirklich ein Fragment dieses Tractats war, als sein Siegel, und seine Unterschrift sich darauf befand.

„Was haben Sie hierauf zu antworten, Herr Cardinal?“ fragte der englische Gesandte mit spöttischem Lächeln.

„Ich antworte darauf,“ sagte der Cardinal, „daß ich, wenn ich König wäre, lieber mit eigenen Händen einen Königsmantel zerreißen würde als einen Tractat, der in meinem Namen von dem Manne unterzeichnet worden, welcher mir soeben mein Königreich wieder erobert hat.“

Und mit diesen Worten ließ er mit verächtlicher Geberde das Stück Papier, welches er in der Hand hielt, wieder auf den Tisch fallen.

„Mag dem sein, wie ihm wolle,“ hob der Gesandte ungeduldig wieder an, „so betrachten Sie doch hoffentlich den Tractat als zerrissen, nicht blos materiell, sondern auch moralisch.“

„Unmoralisch, wollen Sie sagen.“

Nelson, welcher sah, daß die Discussion sich in die Länge zog und der den Sinn der Worte nur nach den Physiognomien der Sprechenden beurtheilen konnte, erhob sich seinerseits und sagte zu Sir William gewendet:

„Es kann nichts nützen, noch länger hin- und herzustreiten. Wenn wir uns auf Sophismen und Haarspaltereien schlagen sollen, so wird der Cardinal allerdings den Sieg über den Admiral davontragen. Begnügen Sie sich daher, mein lieber Hamilton, den Herrn Cardinal zu fragen, ob er hartnäckig dabei bleibt, den Tractat aufrecht zu erhalten, oder nicht.“

Sir William übersetzte dem Cardinal Nelson's Frage in's Französische. Ruffo hatte dieselben ohnehin schon so ziemlich verstanden, die Wichtigkeit der Frage aber war eine so bedeutende, daß er nicht eher antworten wollte, als bis er sie gründlich verstanden.

Da Sir William besonders die letzten Worte mit Nachdruck betonte, so antwortete der Cardinal sich verneigend:

„Da die Repräsentanten der alliirten Mächte bei dem Tractate, den Sie, meine Herren, zerreißen wollen, ebenfalls betheiligt sind, so kann ich nur für mich selbst antworten, und diese Antwort habe ich den Herren Capitänen Truebridge und Ball bereits gegeben.“

„Und diese Antwort lautet?“ fragte Sir William.

„Ich habe,“ fuhr der Cardinal fort, „meine Unterschrift und gleichzeitig mit dieser auch meine Ehre verpfändet. So lange es in meiner Macht steht, werde ich weder der einen noch der andern einen Makel zufügen lassen.

Was die ehrenwerthen Capitäne betrifft, welche den Tractat gleichzeitig mit mir unterzeichnet haben, so werde ich
Ihnen Mylord Nelson's Absichten mittheilen und sie werden dann sehen, was sie zu thun haben. Da indessen in
solchen Dingen ein nicht richtig überliefertes Wort sehr
leicht den Sinn eines ganzen Redesatzes ändern kann, so
würde ich Mylord Nelson verbunden sein, wenn er mir
sein Ultimatum schriftlich geben wollte."

Ruffo's Wunsch ward dem Admiral übermittelt.

„In welcher Sprache wünscht Seine Eminenz, daß
dieses Ultimatum geschrieben sei?" fragte Nelson.

„In englischer," antwortete der Cardinal. „Ich les
das Englische und der Capitän Bailly ist ein Irländer.
Uebrigens liegt mir auch daran, ein so wichtiges Document
vollständig von der Hand des Admirals geschrieben zu
besitzen."

Nelson gab durch eine Kopfbewegung zu verstehen,
daß er kein Hinderniß sähe, welches ihn abhielte, den
Wünschen des Cardinals zu genügen, und mit jener rück-
wärtsliegenden Schrift, welche Leuten, die mit der linken
Hand schreiben, eigen zu sein pflegt, schrieb er die folgenden Zeilen, in Bezug auf welche wir bedauern, daß
wir sie während unseres Aufenthalts in Neapel nicht auto-
graphiren ließen, weil sie uns damals im Original vor-
lagen:

„Der Großadmiral Lord Nelson ist mit der britischen
Flotte in die Bai von Neapel eingelaufen und hat hier
gefunden, daß mit den Rebellen ein Tractat abgeschlossen
worden ist, der seiner Ansicht nach nicht eher zur Ausfüh-

rung gelangen kann, als bis er von den sicilischen Majestäten ratificirt worden ist.

»H. Nelson.«

Der Gesandte nahm diese Erklärung aus den Händen des englischen Admirals und schickte sich an sie dem
Cardinal vorzulesen. Dieser aber gab zu verstehen, daß
dies nicht nöthig sei, nahm die Erklärung seinerseits aus
den Händen des Gesandten, las sie, verneigte sich, als er
gelesen, und sagte:

»Mylord, ich habe Sie nun blos noch um eine letzte
Gefälligkeit zu bitten, nämlich mich an's Land setzen zu
lassen.«

»Haben Sie die Güte, auf's Deck zu gehen, Eminenz,« antwortete der Admiral, »und dieselben Männer,
welche Sie hergebracht, werden die Ehre haben Sie wieder zurückzubefördern.«

Gleichzeitig deutete Nelson mit einer Handbewegung
auf die Treppe.

Ruffo stieg die wenigen Stufen, die er vor sich hatte,
hinauf und sah sich auf dem Deck.

Nelson blieb auf der ersten Stufe der Ehrentreppe
stehen, bis der Cardinal in das Boot gestiegen war. Dann
wechselten sie eine kalte Verbeugung.

Das Boot stieß von dem Schiffe ab und entfernte sich.
Die Kanonen aber, welche dem herkömmlichen Ceremoniell
zufolge den Abgang des Bootes durch dieselbe Anzahl von
Schüssen hätten salutiren sollen wie die Ankunft, blieben
diesmal stumm.

Der Admiral folgte dem Cardinal eine Zeitlang mit
den Augen; es dauerte jedoch nicht lange, so legte sich eine

meine Hand auf seine Schulter, während ein Hauch in sein Ohr murmelte:

»Mein lieber Horatio!«

»Ah, Sie sind es, Mylady!« sagte Nelson zusammenzuckend.

»Ja; der Mann, den wir haben benachrichtigen laffen, ist da.«

»Was für ein Mann?« fragte Nelson.

»Der Capitän Scipio Lamarra.«

»Und wo ist er?«

»Man hat ihn bei Sir William eintreten laffen.«

»Bringt er Nachrichten von Caracciolo?« fragte Nelson lebhaft.

»Das weiß ich nicht, es ist jedoch wahrscheinlich. Nur hat er es für klug gehalten, sich zu verbergen, um nicht von dem Cardinal erkannt zu werden, deffen Ordonnanzofficier er ist.«

»Gehen wir sofort zu ihm. Apropos, sind Sie mit mir zufrieden, Mylady?«

»Sie haben sich bewunderungswürdig gehalten und ich bete Sie an.«

Auf diese Versicherung hin machte Nelson sich in freudiger Stimmung auf den Weg nach Sir Williams Zimmer.

Sechstes Capitel.

**Der Cardinal thut, was er kann, um die Patrioten
zu retten, und die Patrioten thun, was sie können,
um sich in's Verderben zu stürzen.**

Da wir nicht verfehlen können, bald zu erfahren, was
zwischen dem Admiral Nelson und dem Capitän Scipio
Lamarra gesprochen ward, so wollen wir dem Cardinal
folgen, welcher, wie er selbst zu Nelson gesagt, mit dem
festen, Entschluß, den Tractat in jeder Beziehung aufrecht
zu erhalten, an's Land zurückkehrte.

Demzufolge berief er, sobald er in sein Haus an der
Magdalenenbrücke zurückgekehrt war, den Minister Miche-
roux, den Commandanten Bailly und den Commandanten
Achmet zu sich.

Er erzählte diesen, wie der Capitän Foote unterwegs
dem Admiral begegnet sei und wie dieser von Palermo an
Bord des „Donnerers“ Sir William Hamilton und Emma
Lyonna zurückgeführt, welche letztere statt aller Antwort der
Königin den von dieser zerrissenen Tractat mitgebracht
habe.

Hierauf berichtete er seine Unterredung mit Nelson,
Sir William und Lady Hamilton und fragte die drei Herren,
ob sie den schimpflichen Muth haben würden, in die Verletzung eines Tractats zu willigen, welchen sie als bevoll-
mächtigte Gesandte ihrer Souveräne mit abschließen ge-
holfen.

Die drei Repräsentanten, der des Königs von Sicilim, der Pauls des Ersten und der des Sultans Selim, gaben bei dieser Frage alle drei gleiche Entrüstung zu erkennen.

Der Cardinal rief nun, sofort seinen Secretär Sacchinelli und dictirte demselben in seinem Namen und in dem der drei anderen Unterzeichner der Capitulation den nachstehenden Protest.

Brauchen wir erst zu sagen, daß dieses Actenstück wie alle übrigen in diesem Buche veröffentlichten ein Theil der geheimen Correspondenz ist, welche wir in den Schubfächern des Königs Ferdinand des Zweiten gefunden?

Der Protest, mit welchem wir keine andere Veränderung vornehmen, als daß wir ihn übersetzen, lautete:

„Der Capitulationsvertrag der Castelle von Neapel ist nützlich, nothwendig und ehrenwerth für die Waffen des Königs beider Sicilien und seiner erhabenen Verbündeten, des Königs von Großbritanien, des Kaisers aller Reussen und des Sultans der hohen ottomanischen Pforte, weil ohne fernerweites Blutvergießen durch diesen Tractat der mörderische Bruderkrieg beendet worden ist, welcher sich zwischen den Unterthanen Seiner sicilischen Majestät entsponnen, und weil dieser Tractat die Vertreibung des gemeinsamen Feindes zum Zweck hat.

„Da übrigens dieser Tractat zwischen den Commandanten der Castelle und den Repräsentanten der genannten Mächte feierlich abgeschlossen worden, so hieße es ein verabscheuungswürdiges Attentat gegen die öffentliche Treue begehen, wenn dieser Tractat verletzt oder auch nur nicht genau befolgt werden sollte. Indem daher die Repräsentanten der genannten Mächte Lord Nelson bitten, den Tractat anzu-

erkennen, erklären sich zugleich, daß sie unwiderruflich entschlossen sind, ihn von Punkt zu Punkt auszuführen, und
machen Jeden, der sich dieser Ausführung widersetzen
wird, für seine Verletzung vor Gott und Menschen verantwortlich.

Ruffo unterzeichnete diesen Protest und die drei Andern thaten nach ihm dasselbe.

Micherour, welcher mit Grund Repressalien gegen die
Geißeln fürchtete und unter diese Geißeln einen Verwandten,
den Marschall Micherour, hatte, fand sich übrigens veranlaßt diesen Protest selbst an Bord des „Donnerers" zu
überbringen.

Alles war aber vergebens.

Nelson wollte weder mündlich noch schriftlich irgend
etwas in Ferdinands Namen bestätigen.

In der That wußte er selbst nicht, was die definitiven
Absichten des Königs waren, denn dieser hatte, wie wir gesehen, um den ersten Zornesausbrüchen der Königin aus
dem Wege zu gehen, seinen Wagen anspannen lassen und
sich nach Ficuzza geflüchtet.

Für Ruffo dagegen war die Sache klar und die Briefe,
die er von dem König und der Königin erhalten, hatten
ihm den Weg angedeutet, welchen er zu befolgen gedacht.

Hätte er übrigens in dieser Beziehung noch den min-
desten Zweifel gehegt, so wäre derselbe durch die stumme
oder unbeugsame Emma Lyonna, diese mit Bewachung des
Geheimnisses der Königin beauftragte Sphinx, zerstreut
worden.

Der Morgen des 25. Juni verging mit fortwähren-

dem Gehen und Kommen vom „Donnerer" nach dem Hauptquartier und von dem Hauptquartier nach dem „Donnerer".

Truebridge und Ball von Seiten Nelson's und Micheroux von Seiten des Cardinals, waren die umsonst sich be-
mühenden Führer dieser langen Conferenz, denn Nelson
und Hamilton, welche beide von einem und demselben Geist
beseelt waren, zeigten sich in Bezug auf den Bruch des
Tractats und die Wiederaufnahme der Feindseligkeiten
immer hartnäckiger, während der Cardinal immer fester
darauf bestand, daß die Capitulation respectirt werde.

Endlich kam der Cardinal, der um keinen Preis mit
zu den Verletzern des Tractats gezählt werden wollte, zu
dem Entschluß, ein eigenhändiges Billet an den General
Massa, Commandanten des Castell Nuovo, zu schreiben.

Dieses lautete:

„Obschon die Repräsentanten der allürten Mächte den
zwischen uns wegen Uebergabe der Castelle unterzeichneten
Tractat für heilig und unverletzt halten, so weigert nichts-
destoweniger der Contreadmiral Nelson, Commandant der
englischen Flotte, sich denselben anzuerkennen. Da nun aber
den in den Castellen befindlichen Patrioten das Recht zusteht,
den Artikel 5 zu ihren Gunsten geltend zu machen und, wie
die Patrioten von San Martino, die beinahe alle zu Lande
abgereist sind, gethan; diesen Rettungsweg ebenfalls ein-
zuschlagen, so mache ich Ihnen diese Eröffnung und gebe
Ihnen diesen Rath, indem ich hinzufüge, daß die Engländer,
welche den Golf beherrschen, keinen Posten und keine
Truppen haben, welche die Garnisonen der Castelle ab-
halten könnte, sich zu Lande zurückzuziehen.

F. Cardinal Ruffo."

76

Auf diese Weise hoffte der Cardinal die Republikaner zu retten. Zum Unglück aber hielten diese in ihrer Verblendung ihn für ihren grausamsten Feind. Sie glaubten daher, hinter seinem Vorschlag stecke irgend ein Fallstrick, und nach einer Berathung, während welcher Salvato vergeblich darauf bestand, daß Ruffo's Vorschlag angenommen werde, beschloß man mit überwiegender Majorität, ihn abzulehnen, und Massa antwortete im Namen aller Patrioten durch folgenden Brief:

„Freiheit! Gleichheit!

„Der General Massa, Commandant der Artillerie und des Castello Nuovo

„26. Juni 1799.

„Wir haben Ihrem Briefe die Auslegung gegeben, welche derselbe verdient. Fest in unserer Pflicht werden wir gewissenhaft die Artikel des vereinbarten Tractats beobachten, überzeugt, daß allen bei der Reduction und der Unterzeichnung dieses Tractates Betheiligten dieselbe Pflicht obliege. Uebrigens werden wir uns, was auch kommen möge, weder überraschen noch einschüchtern lassen, und wenn man uns durch Gewalt dazu zwingt, die feindliche Haltung, welche wir freiwillig aufgegeben, wieder aufzunehmen wissen. Da übrigens unsere Capitulation von dem Commandanten des Castells San Elmo dictirt worden, so bitten wir um eine Escorte für den Boten, den wir abschicken werden, um mit dem französischen Commandanten über Ihre Eröffnung zu conferiren, nach welcher Conferenz wir eine bestimmte Antwort geben werden.

„Massa.“

Der Cardinal, welcher außer sich war, seine Absichten

so falsch gedeutet zu sehen, schickte sofort die verlangte Escorte und beauftragte den Anführer derselben, der kein Anderer war, als Cesare, den Patrioten auf seine Ehre zu versichern, daß sie in ihr Verderben rennten, wenn sie den Rath, den er ihnen gegeben, nicht befolgten.

Salvato ward gewählt, um sich mit Mejean über das zu besprechen, was unter diesen ernsten Umständen das Beste zu thun sei.

Es war dies das dritte Mal, daß Salvato und Mejean sich einander gegenüber sahen.

Salvato hatte ihn seit dem Tage nicht wieder gesehen, wo Mejean ihm gegenüber offen sich erboten den Neapolitanern seinen Schutz für fünfhunderttausend Francs zu verkaufen — ein Vorschlag, der, wie man sich erinnert, von Salvato auf die freigebigste Weise unterstützt worden, und welchen das Directorium aus falschem Ehrgeiz abgelehnt.

Mejean schien bei allen Conferenzen, welche wegen Unterzeichnung des Tractates stattgehabt, die schimpfliche Zurückweisung, die er erfahren, vergessen zu haben. Er hatte jeden Artikel ausführlich mit discutirt und die Patrioten erkannten an, daß sie namentlich in Folge seiner Geduld und Ausdauer so glücklich gewesen waren, Bedingungen zu erlangen, welche selbst die sanguinischsten Optimisten unter ihnen weit entfernt gewesen waren zu hoffen.

Dieser ihnen so freundlich geleistete Beistand — wenigstens hatten sie keinerlei Grund, etwas Anderes zu vermuthen — hatte dem Oberst Mejean das Vertrauen der Patrioten wieder zugewendet.

Uebrigens lag es auch in ihrem eigenen Interesse, sich nicht mit ihm zu vereinigen. Wenn er Partei für sie nahm, so konnte er sie retten; nahm er dagegen Partei gegen sie, so konnte er sie vernichten.

Als Mejean hörte, daß man Salvato zu ihm geschickt habe, ließ er alle Uebrigen hinausgehen. Er wollte nicht, daß irgend Jemand nahe genug bliebe, um die Anspielungen hören zu können, welche Salvato vielleicht auf die Bedingungen machte, unter welchen er, Mejean, seinen Schutz angeboten.

Er begrüßte den jungen Officier mit der freundlichsten Artigkeit und fragte ihn, welchem glücklichen Umstande er die Ehre seines Besuches zu verdanken habe.

Salvato antwortete ihm, indem er ihm das Billet des Cardinals überreichte und ihn im Namen der Patrioten bat, ihnen einen Rath zu geben, der von ihnen sicherlich befolgt werden würde.

Der Oberst las das Billet des Cardinals wiederholt und mit der größten Aufmerksamkeit. Dann ergriff er eine Feder und schrieb unter die Unterschrift jenen bedeutsamen sehr bekannten lateinischen Vers:

»Timeo Danaos et dona ferentes.«

Was bedeutet:

»Ich fürchte die Griechen, selbst wenn sie Geschenke bringen.«

Salvato las diese von dem Oberst Mejean geschriebenen lateinischen fünf Worte.

»Oberst,« sagte er zu ihm, »ich bin geradezu entgegengesetzter Meinung und dies ist mir umsomehr erlaubt, als ich allein mit Domenico Cirillo den Antrag unterstützt habe, Ihre fünfhundert Mann in unsern Dienst zu nehmen und jeden mit tausend Francs zu bezahlen.«

»Blos mit fünfhundert Francs, General,« antwortete Mejean, »denn ich wollte mich ja verbindlich machen, noch fünfhundert Mann Franzosen von Capua kommen zu lassen. Sie sehen, daß dieselben Ihnen nicht ohne Nutzen gewesen wären.«

»Davon war ich in der That so fest überzeugt, daß ich mich erbot, die fünfhunderttausend Francs aus meinen eigenen Mitteln zu zahlen.«

»Ah, dann sind Sie also Millionär, mein lieber General?«

»Ja, unglücklicherweise aber besteht mein Vermögen in Grundstücken. Man hätte mittlerweile auf dieses Pfand eine freiwillige oder erzwungene Anleihe machen und zur Wiederbezahlung derselben das Ende des Krieges abwarten müssen.«

»Warum?« fragte Mejean in spöttischem Tone; »verkaufte Rom das Feld, auf welchem Hannibal sich gelagert, nicht um ein Drittel unter seinem Werth?«

»Sie vergessen, daß wir Neapolitaner aus der Zeit Ferdinands, aber keine Römer aus der Zeit des Fabius sind.«

»Dann sind Sie wohl Herr Ihrer Meiereien, Ihrer Waldungen, Ihrer Weinberge, Ihrer Heerden geblieben?«

»Leider ja.«

»O fortunatus nimium sua si bona norit agricola!« fuhr der Oberst in spöttischem Tone fort.

»Dennoch aber, Herr Oberst, bin ich an baarem Gelde immer noch reich genug, um Sie fragen zu können, welche Summe Sie für jede Person verlangen würden, welche, weil sie Nelson mißtraut, zu Ihnen kommen und

sie um eine Gastfreundschaft bitten würde, für welche Sie
sich mit Ihrer Ehre verbürgten.«

»Zwanzigtausend Francs; ist das zu viel, General?«

»Für zwei also vierzigtausend Francs, nicht wahr?«

»Wenn Sie finden, daß dies zu viel ist, so steht Ihnen
frei, etwas herunterzuhandeln.«

»Nein, die beiden Personen, für welche ich dieses Geschäft mit Ihnen abschließe — denn nicht wahr, es ist ein
Geschäft?«

»Ja, es ist eine Art synallagmatischer Contract,
wie wir Geschäftsleute uns ausdrücken, denn ich muß Ihnen
sagen, General, daß ich ein ganz vortrefflicher Geschäftsmann bin.«

»Dies habe ich wohl bemerkt, Oberst,« sagte Salvato lachend.

»Es ist also, wie ich soeben die Ehre hatte, Ihnen
zu sagen, eine Art synallagmatischer Contract, bei welchem der, welcher ihn ausführt, dem Andern eine Gefälligkeit erzeigt, wobei aber der Mangel an Ausführung den
Contract selbst aufhebt.«

»So verstehe ich's auch.«

»Nun, dann finden Sie es auch wohl nicht zu theuer?«

»Nein, besonders da die beiden Personen, von
welchen ich spreche, ihr Leben um diesen Preis erkaufen
können.«

»Wohlan, mein lieber General, wenn Ihre beiden
Personen kommen wollen, so sollen sie willkommen sein.«

»Sind sie einmal hier, so werden sie um vierundzwanzig Stunden Zeit bitten, um die Zahlung zu rea-
lisiren.«

»Ich werde ihnen achtundvierzig bewilligen. Sie sehen daß ich nicht mißtrauisch bin.«

»Nun gut, dann ist der Handel geschlossen, Oberst.«

»Auf Wiedersehen, General.«

Salvato begab sich, abermals von seiner Escorte begleitet, wieder hinunter nach dem Castello Nuovo. Er zeigte Mejean's »Timeo Danaos« dem General Massa und dem Rathe, der sich versammelt hatte, um über diese wichtige Angelegenheit zu entscheiden.

Da Mejean's Meinung die der Majorität war, so fand keine Discussion statt; nur verlangte Salvato Cesare zu begleiten und Russo selbst Massa's Antwort zu überbringen, um die Situation mit eigenen Augen zu beurtheilen.

Dies ward ihm sofort bewilligt und die beiden jungen Männer, welche, wenn sie einander vierzehn Tage früher auf dem Schlachtfelde begegnet wären, sich gegenseitig in Stücke gehauen hätten, ritten jetzt friedlich neben einander den Quai entlang und regelten jeder den Schritt seines Pferdes nach dem seines Begleiters.

Siebentes Capitel.

Russo thut seine Pflicht als ehrlicher Mann und Sir William Hamilton verrichtet sein Handwerk als Diplomat.

Binnen weniger als fünf Minuten waren die beiden jungen Leute an der Thür des kleinen Hauses, welches der Cardinal in der Nähe der Magdalenenbrücke bewohnte.

Gefäre führte Salvato ein und dieser gelangte somit ohne Schwierigkeit bis vor den Cardinal.

Ruffo erkannte ihn sofort wieder, erhob sich und ging ihm einen Schritt entgegen.

„Ich freue mich Sie wiederzusehen, General," sagte er zu ihm.

„Bei mir ist dasselbe der Fall," entgegnete Salvato, „gleichwohl aber bin ich untröstlich, Ihnen eine unbedingte Weigerung überbringen zu müssen, Eminenz."

Mit diesen Worten überreichte er dem Cardinal seinen eigenen Brief mit Mejean's Zusatz.

Ruffo las ihn und zuckte die Achseln.

„Der Elende!" sagte er dann.

„Sie kennen ihn also, Eminenz?" fragte Salvato.

„Er erbot sich, mir das Castell San Elmo für fünfhunderttausend Francs zu überlassen, aber ich weigerte mich."

„Für fünfhunderttausend Francs?" rief Salvato lachend. „Wie es scheint, ist dies sein fester Preis."

„Ah! Sie haben also auch mit ihm zu thun gehabt?"

„Ja, er erbot sich für dieselbe Summe sich mit uns gegen Sie zu schlagen."

„Und?"

„Wir lehnten sein Anerbieten ab."

„Lassen wir diese Schufte bei Seite — sie verdienen nicht, daß ehrliche Leute sich mit ihnen beschäftigen. Kommen wir lieber auf unsere Freunde zurück, die ich gern überzeugen möchte, daß sie auch die meinigen sind."

„Ich gestehe und zwar zu meinem großen Bedauern,"

sagte Salvato lachend, „daß dies eine schwierige Sach:
sein wird."

„Vielleicht nicht so sehr, als Sie glauben, wenn Sie
mein Dolmetscher sein wollen; um so mehr, als ich gegen
Sie handeln werde, wie ich bei unserer ersten Unterredung
gethan. Ich werde sogar noch mehr thun. Bei unserer
ersten Unterredung habe ich blos versichert, heute werde ich
Ihnen Beweise geben."

„Ich habe Ihnen aber auf's Wort geglaubt, Herr
Cardinal."

„Gleichviel! Wenn es sich um den Kopf und die
Ehre handelt, so können Beweise nichts schaden. Setzen
Sie sich zu mir, General, und ermessen Sie das, was ich
thun will, nach seinem Werthe. Um meinem Worte treu
zu bleiben, verrathe ich — ich sage nicht das Interesse,
denn ich glaube im Gegentheil, daß ich diesem diene, wohl
aber die Befehle meines Königs."

Salvato verneigte sich und nahm, Ruffo's Einladung folgend, neben ihm Platz.

Der Cardinal zog einen Schlüssel aus der Tasche,
legte die Hand auf Salvato's Arm und sagte:

„Die Schriften, welche Sie jetzt sehen werden, sind
Ihnen nicht durch mich gezeigt worden, sondern auf irgend
welche andere Weise zu Ihrer Kenntniß gelangt. Sie werden
eine beliebige Fabel erfinden und wenn Sie keine erfin-
nen können, Ihre Zuflucht zu dem Schilfrohr des Königs
Midas nehmen."

Mit diesen Worten öffnete er sein Schubfach, reichte
Salvato den Brief von Sir William Hamilton und sagte:

„Lesen Sie vor allen Dingen diesen Brief. Er ist von

Anfang bis zu Ende von der Hand des englischen Gesandten geschrieben.«

„O,« sagte Salvato, nachdem er gelesen, „ich erkenne hierin die punische Treue. Zählen wir zunächst die Kanonen, und wenn wir die Stärkern sind, dann keine Verträge mehr. Wohlan, was weiter?«

„Was weiter? Da ich eine Frage von solcher Bedeutung nicht mit einfachen Schiffscapitänen discutiren wollte, so begab ich mich in eigner Person an Bord des „Donnerers«, wo ich eine einstündige Unterredung mit Sir William und Lord Nelson hatte. Das Resultat dieser Unterredung, in welcher ich jede Transaction mit dem, was ich für meine Pflicht halte, zurückwies, war diese Erklärung, die, wie Sie sehen, von der ersten bis zur letzten Zeile von Lord Nelson's Hand geschrieben ist.«

Mit diesen Worten überreichte der Cardinal dem jungen Officier die Schrift, welche mit den Worten begann: „Großadmiral Nelson ist am 24. Juni ꝛc.,« und deren Schluß lautete: „welcher Tractat nach seiner Meinung nicht zur Ausführung gelangen kann, so lange er nicht von Ihren sicilischen Majestäten ratificirt ist.«

„Sie haben Recht, Eminenz,« sagte Salvato, indem er dem Cardinal das Papier zurückgab, „es sind dies in der That Actenstücke von hoher historischer Bedeutung.«

„Was hatte ich nun zu thun und was hätten Sie an meiner Stelle gethan?« hob der Cardinal wieder an. „Jedenfalls dasselbe, was ich gethan, denn ehrliche Leute haben nur eine Art und Weise zu Werke zu gehen. Ganz gewiß hätten Sie eben so wie ich an die Commandanten der Castelle, das heißt an Ihre Feinde, geschrieben, um sie von

dem Geschehenen in Kenntniß zu setzen. Hier ist mein Brief.
Ist er klar? Enthält er mehr oder weniger, als Sie an
meiner Stelle geschrieben haben würden? Er ist, was er
sein soll, das heißt ein guter Rath, von einem rechtschaffenen Feind gegeben.«

»Ich muß sagen, Herr Cardinal, da Sie mich einmal
zum Richter zu machen belieben, daß Ihre Handlungsweise
bis jetzt eben so würdig ist, als die Mylord Nelson's —«

»Unerklärlich,« unterbrach Ruffo.

»Unerklärlich war gerade nicht das Wort, welches
ich im Begriff stand auszusprechen,« fuhr Salvato lächelnd fort.

»Und ich, mein lieber General,« sagte Ruffo mit einer
Offenheit, welche eine der Eigenschaften dieser gewaltigen
Persönlichkeit war, »ich, ich habe unerklärlich gesagt, weil
sie für Sie, der Sie den Admiral nicht kennen, in der That
unerklärlich sein muß, während sie doch für mich sehr er-
klärlich ist. Hören Sie mich daher als Philosoph, das
heißt als ein Mann, welcher die Weisheit liebt, denn die
Weisheit ist nichts Anderes als die Wahrheit, und ich werde
Ihnen über Nelson die Wahrheit sagen. Möge um seiner
Ehre willen mein Urtheil das der Nachwelt sein.«

»Ich höre, Eminenz,« sagte Salvato, »und ich
brauche Ihnen nicht erst zu sagen, daß es mit dem größten
Interesse geschieht.«

Der Cardinal hob wieder an:

»Nelson ist weder ein Hofmann wie ich, noch ein
Mann von Bildung und Erziehung wie Sie, mein lieber
General. Er kennt auf der Welt nichts als sein Seemanns-

handwerf, übt dasselbe aber auf wahrhaft geniale Weise. Nelson ist ein Bauer, ein Bulldogg Altenglands, ein plumper, rauher Seemann. Sohn eines einfachen Dorfpfarrers und auf seinem Schiffe von der ganzen Welt isolirt, war er vor der Schlacht bei Abukir niemals in einen Palast gekommen, hatte niemals einen König begrüßt und nie vor einer Königin das Knie gebeugt. Er kam nach Neapel, er, der Beschiffer der Polarländer, gewohnt, den Eisbären ihre Höhlen streitig zu machen. Er ward geblendet durch den Glanz der Sonne und durch das Feuer der Diamanten. Er, der Gatte eines Bürgermädchens, einer Mistreß Nisbeth, sah, wie die Königin ihm ihre Hand und die Gattin eines Gesandten ihre Lippen zum Kusse bot — doch nein, nicht eine Königin und eine Gesandtin, sondern zwei Frauen, zwei Sirenen. Er ward rein und einfach der Sclave der einen und der Diener der andern. Alle Begriffe von Gut oder Schlecht verwirrten sich in diesem armen Hirn und die Interessen der Völker verschwanden vor den erdichteten oder wirklichen Rechten der Souveräne. Er machte sich zum Apostel des Despotismus, zum Schergen des Königthums. Ich wünschte nur, Sie hätten ihn gestern gesehen während jener Conferenz, wo das Königthum durch das vertreten war, was der Prediger Salomo die Fremde nennt, jene Venus Astarte, jene unsaubere Lesbierin. Seine Augen oder vielmehr sein Auge wich nicht von den ihrigen. Haß und Rache sprachen durch den stummen Mund dieser Gesandtin des Todes. Ich hatte — ich schwöre es Ihnen zu — Mitleid mit diesem zweiten Adamastor, welcher sein Haupt freiwillig unter den Fuß eines Weibes legt. Uebrigens haben jedoch alle großen Männer — und im Grunde genommen ist Nelson wirklich ein

großer Mann — alle großen Männer, sagen wir von Her-
kules bis auf Simson und von Simson bis auf Marcus
Antonius, dergleichen Schwächen. Ich habe gesprochen."

„Aber," antwortete Salvato, „welches der Grund
auch sein möge, welcher Nelson veranlaßt zu handeln, so
ist er doch nicht weniger ein tödtlicher Gegner für uns. Was
gedenken Sie zu thun, Eminenz, um diese für jede Vernunft
unzugängliche brutale Gewalt zu neutralisiren?"

„Was ich zu thun gedenke, mein lieber General? Sie
sollen es sogleich sehen."

Der Cardinal nahm ein Blatt Papier zur Hand,
tauchte die Feder ein und schrieb:

„Wenn Mylord Nelson den von dem Cardinal Ruffo
mit den Commandanten der Castelle von Neapel geschlossenen Tractat, der von einem englischen Officier im Namen
des Königs von Großbritannien mit unterzeichnet worden,
nicht anerkennen will, so hat er die ganze Verantwortlichkeit für diesen Bruch zu tragen. Um demzufolge den Bruch
des Tractats, so viel an ihm ist, zu verhindern, meldet der
Cardinal Fabrizzio Ruffo dem Admiral Mylord Nelson,
daß er den Feind in den Stand setzen wird, in welchem sich
derselbe vor der Unterzeichnung des Tractats befand,
das heißt, er wird seine Truppen aus der seit der Capitulation eingenommenen Stellung zurückziehen, und sich mit
seiner ganzen Armee in ein Lager verschanzen, um die Engländer mit ihren eigenen Waffen den Feind bekämpfen und
besiegen zu lassen."

Er unterzeichnete seinen Namen.

Dann reichte er das Papier Salvato und forderte
diesen auf es zu lesen.

Er verfolgte mit den Augen die Wirkung, welche
diese Lectüre an dem Gesichte des jungen Mannes hervorrief.

Als derselbe fertig war, fragte der Cardinal:

„Nun?“

„Der Cardinal von Richelieu hätte es nicht so gut und
Bayard hätte es nicht besser gemacht.“

Mit diesen Worten gab Salvato das Papier an den
Cardinal zurück und verneigte sich.

Der Cardinal klingelte; sein Kammerdiener trat ein.

„Bitte Micheroux, sich hier einzufinden,“ sagte der
Cardinal.

Fünf Minuten später trat Micheroux ein.

„Mein lieber Chevalier,“ sagte der Cardinal, „Nelson
hat mir sein Ultimatum gegeben. Hier ist das meinige. Gehen
Sie zum zehnten Male auf den „Donnerer“. Eines kann
ich Ihnen wenigstens dabei versprechen, nämlich, daß diese
Fahrt die letzte sein wird.“

Micheroux ergriff die ihm offen dargereichte Depesche,
las dieselbe, verneigte sich und verließ das Zimmer.

„Kommen Sie mit mir auf die Terrasse des Hauses
hinauf, General,“ sagte Ruffo. „Man hat von da eine
prachtvolle Aussicht.“

Salvato folgte dem Cardinal, denn er glaubte, dieser
lüde nicht ohne Grund ihn ein mitzukommen und eine Aussicht zu betrachten, die er nothwendig schon längst genau
kannte.

Als man auf die Terrasse hinaufkam, unterschied er zu
seiner Rechten den Quai von Marinella, die Strada
Nuova, die Strada del Pigliere und den Molo; zu seiner
Linken Portici, Torre del Greco, Castellamare und Capri;

gegenüber die Spitze von Procida und Ischia und in dem Zwischenraume zwischen diesen Inseln Capri und den Strand, auf dem das von dem Cardinal bewohnte Haus erbaut war, die ganze englische Flotte mit flatternden Wimpeln und ihren Kanonieren, die mit angezündeter Lunte hinter ihren Geschützen hin- und hergingen.

Mitten unter englischen Schiffen ragte gleich einem Monarchen im Kreise seinen Unterthanen der „Donnerer“, ein Riese von neunzig Kanonen, empor, welcher die Admiralsflagge trug.

Mitten unter diesem großartigen, feierlichen Schauspiel entgingen Salvato's geübtem Blick auch die Einzelheiten und Nebenumstände nicht.

Demzufolge sah er eine Barke vom Strand abstoßen und, von vier kräftigen Ruderern in Bewegung gesetzt, sich rasch nähern.

Dieses Boot, welches den Chevalier Micheroux trug, steuerte gerade auf den „Donnerer“ zu, den es binnen weniger als zwanzig Minuten erreichte.

Der „Donnerer“ war übrigens auch von allen Schiffen das, welches sich dem Castello Nuovo am nächsten hielt. Im Fall die Feindseligkeiten wieder begannen, könnte es sofort das Feuer eröffnen, denn es lag in kaum drei Viertel Kanonenschußweite von dem Fort.

Salvato sah, wie das Boot um den Bug des „Donnerers“ lenkte, um an der Steuerbordtreppe des Kolosses anzulegen.

„Wenn der Anblick Ihren Wünschen entsprochen hat, General,“ sagte der Cardinal zu Salvato gewendet, „so berichten Sie Ihren Cameraden, was Sie gesehen haben, und bemühen Sie sich, dieselben zu bewegen, meinem Rathe zu folgen. Sie werden, um diesen Zweck zu gelangen, hoffe ich, die Beredsamkeit der Ueberzeugung entwickeln.«

Salvato verneigte sich gegen den Cardinal und drückte die Hand, welche dieser ihm bot, mit einer gewissen Verehrung.

Plötzlich aber und in dem Augenblick, wo er Abschied von ihm nehmen wollte, sagte er:

»Ach, ich bitte um Verzeihung, beinahe hätte ich vergessen, Ihnen, Eminenz, von einem wichtigen Auftrage, den Sie mir ertheilt, Rechenschaft zu geben.«

»Was meinen Sie?«

»Der Admiral Caracciolo —«

»Ah, es ist wahr,« unterbrach Ruffo mit einer Lebhaftigkeit, welche das Interesse verrieth, was er an dem, was Salvato zu sagen im Begriff stand, nahm. »Sprechen Sie, ich höre.«

»Der Admiral Caracciolo,« hob Salvato wieder an: »war weder auf der Flottille noch in dem Castelle zu finden. Schon seit dem Morgen hatte er sich, als gemeiner Matrose verkleidet, heimlich entfernt und gesagt, er werde bei einem seiner Dienstleute ein sicheres Asyl finden.«

»Möge er die Wahrheit gesprochen haben,« hob der Cardinal wieder an, »denn wenn er seinen Feinden in die Hände fällt, so ist ihm der Tod im Voraus zugeschworen. Wenn Sie daher, mein lieber General, irgend ein Mittel besitzen, um mit ihm in Mittheilung zu treten, so —«

»Nein, ich besitze keines.«

»Nun, denn schütze ihn Gott.«

Salvato nahm nun Abschied von dem Cardinal, und

abermals von Cesare escortirt, machte er sich wieder auf den Weg nach dem Castello Nuovo, wo, wie man sich leicht denken kann, seine Cameraden ihn mit Ungeduld erwarteten.

Ruffo's Ultimatum versetzte Nelson in ungeheure Verlegenheit.

Er hatte nur wenig Landungstruppen zu seiner Verfügung. Wenn der Cardinal, der von ihm ausgesprochenen Drohung zufolge, sich zurückzog, so verfiel Nelson in eine Ohnmacht, die um so lächerlicher war, mit je größerer Autorität er gesprochen.

Nachdem er die Depesche des Cardinals gelesen, begnügte er sich daher zu antworten, er wolle sich die Sache überlegen, und schickte den Chevalier Micheroug wieder fort, ohne ihm etwas Bestimmtes zu sagen.

Nelson war, abgesehen von seinem wahrhaft wunderbaren Genie zur Führung einer Flotte, in einem Kampfe, in allen anderen Beziehungen ein sehr mittelmäßiger Mensch. Seine Antwort: »Ich werde es mir überlegen« bedeutete beim Lichte besehen weiter nichts, als: »Ich werde meine Pythia und mein Orakel Hamilton zu Rathe ziehen.«

Kaum hatte daher Micheroug den Fuß in das Boot gesetzt, welches ihn ans Land zurückbrachte, als Nelson Sir William und Lady Hamilton bitten ließ, zu ihm zu kommen.

Fünf Minuten später war das Triumfeminavirat in der Cajüte des Admirals versammelt.

Noch eine letzte Hoffnung blieb Nelson, nämlich die, daß, da die Depesche französisch geschrieben und Micheroug deshalb genöthigt gewesen war, sie ihm ins Englische zu überſetzen, er entweder den Worten nicht den richtigen Sinn gegeben oder irgend einen andern wichtigen Irrthum begangen habe.

Er überreichte deßhalb die Depeſche des Cardinals dem Geſandten und forderte dieſen auf, ſie zu leſen und ihm nochmals zu überſetzen.

Micherour war aber, ganz gegen die Gewohnheit der Ueberſetzer, mit vollkommener Genauigkeit zu Werke gegangen. Die Folge hievon war, daß die Situation den beiden Hamiltons ebenſo ernſt erſchien, als ſie dem Admiral erſchienen war.

Die beiden Männer wendeten ſich gleichzeitig und mit einer und derſelben Bewegung nach Lady Hamilton herum, welche den Willen der Königin kannte.

Nachdem Nelſon ſein Ultimatum und der Cardinal das ſeinige gegeben, mußte man wiſſen, wie das letzte Wort der Königin lautete.

Emma Lyonna verſtand die Frage, wie ſtumm dieſelbe auch war.

»Der unterzeichnete Tractat,« antwortete ſie, »muß gebrochen und wenn er gebrochen iſt, die Rebellion durch Gewalt niedergeworfen werden, wenn ſie ſich nicht gutwillig ergibt.«

»Ich bin bereit zu gehorchen,« ſagte Nelſon; »wenn ich aber auf meine alleinigen Hilfsmittel angewieſen bin, ſo kann ich nur für meinen Eifer ſtehen, ohne verſichern zu können, daß mein Eifer uns zu dem Ziele führen wird, welches die Königin ſich geſteckt hat.«

»Mylord! Mylord!« ſagte Emma im Tone des Vorwurfes.

„Finden Sie die Mittel,“ sagte der Admiral, „und ich mache mich anheischig, sie in Ausführung zu bringen.“

Sir William dachte einen Augenblick nach. Seine düstere Miene klärte sich ein wenig auf. Er hatte das verlangte Mittel gefunden.

Wir überlassen der Nachwelt die Aufgabe, den Admiral, den Minister und ihre Favoritin zu richten, welche, um ihre Privatrache zu befriedigen, oder um dem Haß der Königin zu genügen, sich nicht scheuten, von der List, welche wir sogleich erzählen werden, Gebrauch zu machen.

Nachdem Sir William sein Mittel, welches Emma unterstützte und welches Nelson annahm, auseinandergesetzt hatte, schrieb Sir William an den Cardinal einen Brief, welcher Wort für Wort folgendermaßen lautete.

Wir brauchen nicht zu fürchten, hier einen Uebersetzungsfehler zu begehen, denn der Brief ist gleich ursprünglich französisch abgefaßt.

Wahrscheinlich ward er in der Nacht geschrieben, welche auf Micheroux' Besuch folgte, denn das Datum ist das des nächstfolgenden Tages.

„Am Bord des „Donnerer“; in dem Meerbusen von Neapel.

„Eminenz!

„Mylord Nelson bittet mich, Ihnen zu versichern, daß er entschlossen ist, nichts zu thun, was den von Euer Eminenz den Castellen von Neapel bewilligten Waffenstillstand brechen könnte.

„Ich habe die Ehre ꝛc.

„W. Hamilton.“

Dieser Brief ward wie gewöhnlich durch die Capitäne

Truebridge und Ball, die gewöhnlichen Abgesandten Nelson's, an den Cardinal befördert.

Der Cardinal las ihn und schien im ersten Augenblick
hocherfreut zu sein, daß man ihm den Sieg gelassen, da er
jedoch irgend einen verborgenen Sinn, eine verstedte Deu-
tung, mit einem Wort eine Schlinge vermuthete, so fragte
er die beiden Officiere, ob sie ihm nicht noch eine besondere
Mittheilung zu machen hätten.

„Wir sind,“ antwortete Truebridge, „ermächtigt, im
Namen des Admirals die von dem Gesandten geschriebenen
Worte zu bestätigen.“

„Werden Sie mir eine schriftliche Erklärung dessen
geben, was der Text des Briefes bedeutet, und dem Inhalt
desselben, welcher, wenn es sich blos um mich handelte,
mir genügend erscheinen würde, einige Worte hinzufügen,
welche mich in Bezug auf die Patrioten beruhigen?“

„Wir versichern in Mylord Nelson's Namen, daß er
sich der Einschiffung der Rebellen in keiner Weise widersetzen wird.“

„Wären Sie,“ sagte der Cardinal, der nach seiner
Meinung nicht vorsichtig genug sein konnte, „wohl geneigt,
mir die Versicherung, die Sie soeben mündlich gegeben,
schriftlich zu wiederholen?“

Ball ergriff sofort die Feder und schrieb auf ein Blatt
Papier die folgenden Zeilen:

„Die Capitäne Truebridge und Ball sind von Seiten
des Admirals Mylord Nelson ermächtigt, Seiner Eminenz,
dem Cardinal Ruffo zu erklären, daß er sich der Einschiffung der Rebellen und anderen Personen, welche die Garnison

des Castello d'Uovo und des Castello Nuovo ausmachen, in keiner Weise widersetzen wird.«

Nichts war klarer oder wenigstens schien nichts klarer zu sein, als diese Erklärung. Da der Cardinal dies selbst fand, so bat er die Herren blos noch, ihre Namen unter die letzte Zeile zu setzen.

Truebridge weigerte sich jedoch dies zu thun, indem er sagte, er habe keine Vollmacht dazu.

Ruffo zeigte ihm den am 24. Juni, das heißt am vor- gestrigen, Tage von Sir William geschriebenen Brief, in welchem eine Stelle vorkam, welche ganz im Gegensatz zu Truebridge's Erklärung den beiden Gesandten die ausge- dehntesten Vollmachten zu geben schien.

Truebridge antwortete jedoch:

»Allerdings sind wir ermächtigt, in Bezug auf die militärischen Angelegenheiten zu unterhandeln, aber nicht in Bezug auf die diplomatischen. Was kommt auch übri- gens auf unsere Unterschrift an, da ja die Note von unse- rer Hand geschrieben ist?«

Ruffo bestand nicht weiter auf seinem Verlangen. Er glaubte nun alle Vorsichtsmaßregeln getroffen zu haben. Demzufolge und im Vertrauen auf den von dem Gesandten geschriebenen Brief, welcher sagte, daß Mylord entschlossen sei, nichts zu thun, was den Waffenstillstand brechen könnte — im Vertrauen auf die Schrift der Capitäne Truebridge und Ball, welche erklärten, Mylord werde sich der Einschiffung der Patrioten nicht widersetzen, — aber um dennoch trotz dieser doppelten Versicherung sich aller Verantwortlichkeit zu entledigen, beauftragte er Micheroux, die beiden Capitäne in die Castelle zu führen und den Commandanten derselben

Kenntniß von dem Briefe zu geben, welchen er soeben empfangen, so wie von der Erklärung, die er verlangt, und
wenn diese beiden Versicherungen ihm genügten, sich sofort
wegen der Ausführung der Capitulation mit ihnen zu ver-
ständigen.

Zwei Stunden später kam Micheroux zurück und mel-
dete dem Cardinal, daß unter dem gnädigen Beistand des
Himmels Alles auf freundschaftliche Weise und im besten
Einvernehmen geordnet sei.

Achtes Capitel.

Die punische Treue.

Der Cardinal war über diese Lösung, welche er weit
entfernt gewesen zu erwarten, so hocherfreut, daß er am
27. Juni Morgens in der Kirche del Carmine ein To Deum
sang und zwar mit einem Pomp, welcher der Bedeutung
der Ereignisse würdig war.

Ehe er sich in die Kirche begab, hatte er einen Brief
an Lord Nelson und Sir William Hamilton geschrieben und
ihnen seinen aufrichtigen Dank dafür ausgesprochen,
daß sie durch Ratification des Tractats der Stadt, ganz
besonders aber seinem Gewissen, die Ruhe wiedergegeben.

Hamilton schrieb darauf, wiederum französisch, den
folgenden Brief:

„Am Bord des „Donnerers", 27. Juni 1799.

„Eminenz!

„Mit dem größten Vergnügen habe ich den Brief
empfangen, welchen Sie mir die Ehre erzeigt, mir zu

schreiben. Wir haben in gleicher Weise für den Dienst des Königs und der guten Sache gearbeitet, nur gibt es je nach dem Charakter verschiedene Manieren, seinen Diensteifer zu beweisen. Alles geht, Gott sei Dank, gut, und ich kann Ew. Eminenz versichern, daß Mylord Nelson sich Glück zu dem von ihm gefaßten Entschluß wünscht, die Operationen Ew. Eminenz nicht zu unterbrechen, sondern sie im Gegentheile mit allen seinen Kräften zu unterstützen, um das Unternehmen, welches Ew. Eminenz unter den kritischen Umständen, in welchen Sie sich befunden, bis jetzt so gut geleitet, auch glücklich zu Ende zu führen. Mylord und ich werden uns zu glücklich schätzen, wenn wir, sei es noch so wenig, Ihren sicilischen Majestäten Dienste geleistet und Ew. Eminenz einen Augenblick gestörte Gemüthsruhe zurückgegeben haben.

„Mylord bittet mich, Ew. Eminenz für Ihr Billet zu danken und Ihnen zu sagen, daß er zu gelegener Zeit alle nothwendigen Maßregeln ergreifen wird.

„Ich habe die Ehre zu sein ꝛc. ꝛc.

„W. Hamilton.“

Man hat aus den von uns mitgetheilten Briefen Ferdinands und Carolinens an den Cardinal Ruffo gesehen, mit welchen Betheuerungen unerschütterlicher Achtung und ewiger Treue diese Briefe der beiden königlichen Personen endeten, die ihm ihr Königreich verdankten.

Unsere Leser werden zu wissen wünschen, auf welche Weise diese Dankbarkeitsbetheuerungen übersetzt wurden.

Zu diesem Zwecke mögen sie sich die Mühe nehmen, den folgenden Brief zu lesen, welcher an demselben Tage wie der soeben mitgetheilte von Sir William Hamilton an den Generalcapitän Acton geschrieben ward.

„Am Bord des „Donnerers«, Bai von Neapel,
am 27. Juni 1799.

„Gnädigster Herr!

„Ew. Excellenz habe aus meinem letzten Briefe ersehen, daß der Cardinal und Lord Nelson weit entfernt
sind, mit einander übereinzustimmen. Nach reiflicher Ueber-
legung aber ermächtigte Lord Nelson mich gestern Morgen,
dem Cardinal zu schreiben, daß er nichts mehr thun würde,
um den Waffenstillstand zu brechen, den der Cardinal angemessen erachtet mit den in dem Castello Nuovo und dem
Castello d'Uovo eingeschlossenen Rebellen zu schließen; daß
Mylord bereit sei, allen Beistand zu leisten, dessen die unter
seinem Befehl stehende Flotte fähi., sei, und welchen Se.
Eminenz für den Dienst Seiner sicilischen Majestät nothwendig erachten würde.

„Dies hat die beste Wirkung hervorgerufen. In Neapel
ging Alles drunter und drüber, weil man fürchtete, Lord
Nelson werde den Waffenstillstand brechen, während heute
Alles ruhig ist. Der Cardinal ist mit den Capitänen Truebridge und Ball dahin übereingekommen, daß die Rebellen
im Castello Nuovo und im Castello d'Uovo Abends eingeschifft und mittlerweile fünfhundert Mann Marinesoldaten
ans Land gesetzt werden, um die beiden Castelle zu occu-
piren, auf welchen, Gott sei Dank, endlich das Banner Sr.
sicilischen Majestät weht, während die Banner der Republik (kurz ist ihr Leben gewesen) sich in der Cajüte des
„Donnerers« befinden, wohin, wie ich hoffe, die französische

Fahne, die noch auf San Elmo flattert, ihnen bald nach-
folgen wird.

„Ich habe gegründete Hoffnung, daß die Ankunft
Lord Nelson's in dem Golf von Neapel für die Interessen
und den Ruhm Ihrer sicilischen Majestäten sehr nützlich sein
wird. In der That war es aber auch Zeit, daß ich zwischen
dem Cardinal und Lord Nelson intervenirte, denn sonst
wäre Alles verloren gewesen, und zwar schon vom ersten
Tage an.

„Gestern schrieb mir der gute Cardinal, um sich bei
mir ebenso wie bei Lady Hamilton zu bedanken. Der nichtswürdige Freiheitsbaum, welcher vor dem königlichen Pa-
laste stand, ist umgehauen und dem Riesen die rothe Mütze
vom Kopfe gerissen worden.

„Jetzt noch eine gute Nachricht. Caracciolo und ein
Dutzend andere Rebellen wie er werden bald in Lord Nelson's Händen sein. Wenn ich mich nicht irre, so wird man
sie direct nach Procida schicken und dort verhören und richten, um sie dann zur Hinrichtung wieder hierher zurück zu
befördern. Caracciolo wird wahrscheinlich an der großen
Raa der „Minerva" aufgeknüpft werden und von Tagesanbruch bis Sonnenuntergang hängen gelassen werden.

„Ein solches Beispiel ist auch nothwendig für den
künftigen Dienst Sr. sicilischen Majestät, in deren Königreich der Jakobinismus so große Fortschritte gemacht hat.

„W. Hamilton."

„Acht Uhr Abends. — Die Rebellen sind in ihren
Schiffen, können aber ohne einen Paß von Lord Nelson
nicht von der Stelle."

In der That hatten, wie der Gesandte von Großbri-

tannien in dem Briefe, den wir soeben gelesen, sagt, die
Republikaner im Vertrauen auf den geschlossenen Tractat
und durch Nelson's Versprechen, sich der Einschiffung der
Patrioten nicht zu widersetzen, beruhigt, keine Schwierigkeit gemacht, die Castelle den fünfhundert englischen See-
soldaten zu überlassen, welche an's Land gekommen waren,
um sie zu besetzen, und waren in die Felucken, Tartanen und
andere Fahrzeuge gestiegen, in welchen sie nach Toulon gebracht werden sollten.

Die Engländer nahmen daher zunächst Besitz von dem
Castello Nuovo, dem Werft und dem königlichen Palast.

Sodann erfolgte die Uebergabe und Uebernahme des
Castello d'Uovo unter denselben Formalitäten.

Es ward über diese Räumung der Castelle ein
Protokoll aufgenommen und im Namen der Patrioten
von den Commandanten der Castelle und im Namen
des Königs Ferdinand von dem Brigadier Minichini
unterzeichnet.

Nur zwei Personen machten Gebrauch von der ihnen
durch die Capitulation zugestandenen Wahl, entweder ein
Asyl auf dem Lande zu suchen, oder sich einzuschiffen. Sie
verlangten ein Asyl im Castell San Elmo.

Diese beiden Personen waren Salvato und Luisa.

Wir werden später auf die Helden unseres Buches
zurückkommen, um sie dann nicht wieder zu verlassen. Das
gegenwärtige Capitel ist jedoch, wie wir bereits durch die
Ueberschrift angedeutet, seinem ganzen Inhalte nach einer
großen historischen Aufklärung gewidmet.

Da wir im Begriffe stehen, dem Andenken eines der
größten Seehelden, welche England jemals gehabt, einen

jener unauslöschlichen Flecken zuzufügen, welche selbst die
Jahrhunderte nicht verwischen, so wollen wir, indem wir
die Actenstücke, welche diese große Infamie beweisen, eines
nach dem andern den Augen unserer Leser vorführen, zeigen, daß wir weder durch Unkenntniß irregeleitet, noch
durch Haß verblendet sind.

Wir sind ganz einfach die Fackel, welche einen bis jetzt
dunkel gebliebenen Punkt der Geschichte beleuchtet.

Es begegnete dem Cardinal, was jedem großen Herzen begegnet, welches eine Sache unternimmt, die von
furchtsamen und mittelmäßigen Gemüthern für unmöglich
erklärt worden.

Er hatte in der Nähe des Königs eine Cabale von
Männern zurückgelassen, welche, da sie keine Beschwerde
ertragen und keine Gefahr bestanden, natürlich den Mann
angriffen, der ein Werk zu Stande gebracht, welches von
ihnen für unmöglich erklärt worden.

Der Cardinal ward — es wäre dies fast unglaublich,
wenn man nicht wüßte, wie weit jene Natter der Höfe, die
man die Verleumdung nennt, gehen kann — der Cardinal,
sagen wir, ward beschuldigt, bei Wiedereroberung des Königreiches Neapel nicht für den König, sondern für sich selbst
zu arbeiten. Man sagte, er habe die Absicht, mit Hilfe der
Armee, die er zurückgebracht und die ihm völlig ergeben war,
seinen Bruder Don Francesco Ruffo zum König von Neapel ausrufen zu lassen!

Nelson hatte vor seinem Abgange von Palermo Instruction in dieser Beziehung empfangen und war beauftragt,
bei dem ersten Beweise, welcher die von Ferdinand und der
Königin gefaßten Zweifel bestätigen würde, den Cardinal

un Bord des „Donnerer" zu locken und gefangen darauf zu-
rückzubehalten.

Man wird sehen, daß dieser Act der Dankbarkeit beinahe zur Ausführung gebracht worden wäre, und wir gestehen, daß wir für unsere Person dies sehr bedauern, denn
dann böte die Geschichte ein warnendes Beispiel mehr für
diejenigen, welche sich den Fürsten opfern. Wir copiren
die folgenden Briefe genau nach dem Original.

„Am Bord des „Donnerers", Bai von Neapel,
„An Sir John Acton.   29. Juni 1799.

„Gnädigster Herr!

„Obgleich unser gemeinsamer Freund Sir William
Ihnen ausführlich über alle Ereignisse schreibt, welche sich
bei uns zugetragen, so kann ich doch nicht umhin, ebenfalls
die Feder zu ergreifen, um Ihnen rund heraus zu sagen,
daß ich keines der Dinge billige, welche geschehen sind und
im Begriff stehen noch zu geschehen. Mit einem Wort, ich
muß Ihnen sagen, daß selbst wenn der Cardinal ein Engel
wäre, doch die Stimme des ganzen Volkes sich gegen seine
Handlungsweise erhebt. Wir sind hier von kleinlichen, er-
bärmlichen Cabalen und einfältigen Klagen umringt, welche
nach meiner Ansicht nur durch die Anwesenheit des Königs,
der Königin und des neapolitanischen Ministeriums beschwichtigt und beseitigt werden kann, so daß dann eine
regelmäßige Regierung gegründet werden kann, die der
Gegensatz zu dem System sein muß, welches gegenwärtig
an der Tagesordnung ist.

„Allerdings wäre, wenn ich meiner Neigung gefolgt
wäre, der Zustand der Hauptstadt ein noch schlimmerer, als
er ist, denn der Cardinal hätte seinerseits noch etwas

Schlimmeres thun können als nichts. Deßhalb hoffe ich sehnlichst auf die Gegenwart der Majestäten und hafte mit meinem Kopfe für ihre Sicherheit. Vielleicht werde ich genöthigt sein, mich mit dem „Donnerer" aus diesem Hafen zu entfernen. Bin ich aber gezwungen, diesen Hafen zu verlassen, so fürchte ich, daß die Folgen meines Wegganges unheilvoll sein werden.

„Das „Seahorse" ist ebenfalls ein sicherer Aufenthalt für die Majestäten, und sie werden darin in so großer Sicherheit sein, als man dies überhaupt auf einem Schiffe sein kann.

„Ich bin wie stets Ihr ec. Nelson."

Der nachfolgende zweite Brief ist von demselben Tage und ebenfalls an Acton gerichtet. Die Undankbarkeit der beiden gekrönten Häupter ist darin noch weit sichtbarer und läßt unserer Meinung nach diesmal nichts zu wünschen übrig.

„An Se. Excellenz Sir John Acton.

„29. Juni Morgens.

„Gnädigster Herr!

„Ich kann Ihnen nicht sagen, wie sehr ich mich freue, den König, die Königin und Euer Excellenz ankommen zu sehen. Ich sende Ihnen das Duplicat einer Proclamation, welche ich den Cardinal aufforderte veröffentlichen zu lassen. Seine Eminenz hat sich jedoch rund und rein geweigert und gesagt, es wäre verlorene Mühe, ihm etwas zu schicken, denn er würde durchaus nichts drucken lassen. Der Capitän Truebridge wird heute Abend mit dreizehnhundert Mann englischen Truppen am Lande sein und ich werde Alles, was in meinen Kräften steht, thun, um mit dem Cardinal

bis zur Ankunft der Majestäten in gutem Einvernehmen zu
bleiben. Der letzte Befehl des Cardinals verbietet, ohne
seine Zustimmung irgend Jemanden gefangen zu halten;
dies heißt unverkennbar die Rebellen retten wollen. Kurz,
gestern haben wir hier mit einander berathen, ob der Cardinal nicht eigentlich selbst festgenommen werden müßte.
Sein Bruder ist schwer compromittirt, doch wäre es zweck-
los, Sie, Excellenz, noch mehr langweilen zu wollen. Ich
werde mich so einrichten, daß ich das Bestmögliche thun
kann, und stehe für die Sicherheit der Majestäten mit meinem Kopfe. Möge Gott allen diesen Vorgängen ein bal-
diges und glückliches Ende machen.

»Indem ich Euer Excellenz bitte ic.

»Horatio Nelson.«

Mittlerweile war der Cardinal, nachdem er seinen
Bruder an Bord des »Donnerers« geschickt, nicht wenig
erstaunt, von ihm ein Billet zu empfangen, welches ihm
meldete, der Admiral schicke ihn nach Palermo, um der
Königin die Nachricht zu überbringen, daß Neapel sich
ihren Absichten gemäß ergeben habe.

Der Brief, welcher diese Nachricht enthielt, schloß
mit den Worten:

»Ich sende Euer Majestät gleichzeitig einen Boten
und eine Geißel.«

Man sieht, daß die Belohnung des Pflichteifers nicht
lange auf sich hatte warten lassen.

Aber was sollte der Bruder des Cardinals an Bord
des »Donnerers«?

Er brachte außer der Weigerung, sie zu drucken und
zu veröffentlichen, folgende Note Nelson's zurück, deren

Inhalt der Cardinal bei dem Stande der Dinge und nach den gegebenen Versprechungen nicht verstanden hatte.

Diese Note oder vielmehr diese Notification lautete:
„Notification.

„Am Bord des „Donnerers", 29. Juni 1799 Morgens.

„Horatio Nelson, Admiral der britischen Flotte auf der Rhede von Neapel, fordert Alle, welche als Officiere in der Armee oder als Civilbeamte der nichtswürdigen sogenannten neapolitanischen Republik gedient haben, auf, wenn sie sich in der Stadt Neapel befinden, sich binnen längstens vierundzwanzig Stunden bei den Commandanten des Castello Nuovo und des Castello d'Uovo zu melden und sich in jeder Beziehung der Gnade Seiner sicilischen Majestät anzuvertrauen. Befinden sie sich bis auf eine Entfernung von fünf Meilen außerhalb der Stadt, so müssen sie sich in gleicher Weise den genannten Commandanten vorstellen, nur soll ihnen eine Frist von achtundvierzig Stunden vergönnt sein. Außerdem werden sie als Rebellen und Feinde Seiner sicilischen Majestät betrachtet werden.

„Horatio Nelson."

Wie groß das Erstaunen des Cardinals aber auch über das Billet seines Bruders war, welcher ihm meldete, daß Mylord Nelson ihn nach Palermo schicke, ohne ihn zu fragen, ob er auch hingehen wolle, so gerieth er doch in noch weit größeres Erstaunen, als er von den Patrioten folgenden Brief erhielt:

„An Se. Eminenz den Cardinal Ruffo, Generalvicar von Neapel.

„Der ganze Theil der Garnison, welcher den Bestimmungen des Tractats zufolge eingeschifft worden ist, um unter Segel nach Toulon zu gehen, befindet sich gegenwärtig in der größten Bestürzung. In ihrem guten Glauben erwarteten diese Leute die Ausführung des Tractats, obschon vielleicht in ihrer Eile, das Castell zu verlassen, nicht alle Clauseln dieser Capitulation streng beobachtet worden sind. Jetzt ist der Wind schon seit zwei Tagen zum Auslaufen günstig, gleichwohl aber der für die Reise nothwendige Proviant noch nicht an Bord.

»Ueberdies sahen wir gestern Abend mit tiefem Schmerz die Generale Manthonnet, Massa und Bassetti, die Präsidenten der Executivcommission Ercole und d'Agnese, den der gesetzgebenden Commission Domenico Cirillo und mehrere andere unserer Genossen, unter diesen Emmanuele Borgo und Piati, von den Tartanen abholen. Man hat sie alle auf das Schiff des Admirals Nelson gebracht, wo sie die ganze Nacht zurückgehalten worden sind und wo sie sich auch jetzt, das heißt um 6 Uhr Morgens, noch befinden.

»Die Garnison erwartet von Ihrer Loyalität die Erklärung dieser Thatsache und die redliche Ausführung des Tractats.

»Rhede von Neapel, 29. Juni 1799, 6 Uhr Morgens.

»Albanese.«

Eine Viertelstunde später waren der Capitän Bailly und der Chevalier Micheroux bei dem Cardinal, und dieser schickte Micheroux an Nelson, den er auffordern ließ, ihm von diesen unerklärlichen Maßregeln Rechenschaft zu geben, und indem er ihn für den Fall, daß seine Absicht die wäre, welche er zu errathen fürchtete, zugleich bat, vor einem solchen Schlandflecken nicht blos seinen Namen, sondern auch die englische Fahne zu bewahren.

Nelson lachte blos über die Reclamation des Chevalier Micheroux und sagte:

»Worüber beschwert sich der Cardinal? Ich habe versprochen, mich der Einschiffung der Garnison nicht zu widersetzen. Ich habe Wort gehalten, denn die Garnison ist eingeschifft. Jetzt, wo sie dies ist, bin ich meines Wortes ledig und kann thun, was ich will.«

Als der Chevalier Micheroux bemerklich machte, daß der Doppelsinn, auf den der Admiral sich berufe, seiner unwürdig sei, stieg letzterem vor Ungeduld das Blut ins Gesicht und er setzte hinzu:

»Uebrigens handle ich nach meinem Gewissen und habe Vollmacht vom König.«

»Haben Sie auch Vollmacht von Gott?« fragte Micheroux; »ich bezweifle es.«

»Das ist nicht Ihre Sache,« entgegnete Nelson. »Ich bin es, welcher handelt, und bin bereit, dem König und Gott Rechenschaft von meinen Handlungen zu geben. Gehen Sie.«

Und er schickte den Boten zu dem Cardinal zurück, ohne sich die Mühe zu nehmen, ihm eine andere Antwort zu geben oder seine Unredlichkeit durch irgend eine Entschuldigung bemänteln zu wollen.

In der That die Feder entsinkt der Hand eines jeden ehrlichen Mannes, welcher durch die Wahrheit gezwungen wird, dergleichen Dinge niederzuschreiben.

Als der Cardinal diese Antwort des Chevalier Micheroux erhielt, warf er einen beredten Blick gegen Himmel,

ergriff eine Feder, schrieb einige Zeilen, unterzeichnete sie
und sendete sie durch einen außerordentlichen Courier nach
Palermo ab.

Es war seine Entlassung, welche er bei Ferdinand und
Caroline einreichte.

Neuntes Capitel.

Zwei würdige Genossen.

Nehmen wir die unseren Fingern entfallene Feder
wieder auf. Wir sind mit unserer Erzählung noch nicht zu
Ende und das Schlimmste bleibt uns noch mitzutheilen.

Man erinnert sich, daß in dem Augenblick, wo Nelson
dem Cardinal nach dem Besuche auf dem „Donnerer" das
Geleite gab und mit ihm eine kalte Verbeugung, das Resultat der zwischen ihnen zu Tage getretenen Meinungsver-
schiedenheit in Bezug auf den Tractat, wechselte, Emma
Lyonna, indem sie die Hand auf Nelson's Schulter legte,
gekommen war, um ihm zu sagen, daß Scipio Lamarra,
derselbe, welcher dem Cardinal die von der Königin und
ihren Töchtern gestickte Fahne überbracht, an Bord sei und
ihn bei Sir William Hamilton erwarte.

Ganz wie Nelson vorausgesehen, kam Scipio Lamarra, um sich mit ihm über die Art und Weise zu besprechen, auf welche man sich Caracciolo's bemächtigen
könnte, der seine Flottille an demselben Tage verlassen,
wo die großbritannische Flotte auf der Rhede erschie-
nen war.

Man hat nicht vergessen, daß die Königin ihrer Freun-

die Emma Lyonna mündlich und dem Cardinal schriftlich
befohlen hatte, dem Admiral Caracciolo, der von ihr dem
Tode geweiht war, keine Gnade angedeihen zu lassen. In
denselben Ausdrücken hatte sie an Scipio Lamarra, einen
ihrer eifrigsten und thätigsten Agenten, geschrieben, damit
er sich mit Nelson über die Mittel verständige, die man
anzuwenden hätte, um sich des Admirals Caracciolo zu
bemächtigen, dafern derselbe zu der Zeit, wo Nelson in
den Hafen einliefe, bereits die Flucht ergriffen haben
sollte.

Nun aber war dies wirklich der Fall, wie man aus
der Antwort des Hochbootsmannes des Kanonenbootes gesehen, auf welchem der Admiral sich während des Kampfes
am 13. befunden, als Salvato, durch Ruffo von der Gefahr, in welcher der Admiral schwebte, unterrichtet, sich in
dem Kriegshafen nach ihm erkundigte.

Aus einem ganz entgegengesetzten Beweggrund hatte
der Spion Lamarra dieselben Schritte gethan wie Salvato
und war zu demselben Ziele gelangt, das heißt, er hatte
erfahren, daß der Admiral Neapel verlassen und bei einem
seiner Diensteute ein Asyl gesucht hatte.

Er kam jetzt, um diese Neuigkeit dem Admiral Nelson
mitzutheilen, und ihn zu fragen, ob er wünsche, daß er
dem Flüchtling nachspüre.

Nelson forderte ihn nicht blos dazu auf, sondern
theilte ihm auch mit, daß eine Prämie von viertausend
Ducaten dem versprochen sei, welcher den Admiral ausliefern würde.

Von diesem Augenblick an nahm Scipio sich fest vor,

der Mann zu sein, der die Prämie oder wenigstens den
größeren Theil derselben einstriche.

Als Freund unter den Matrosen erscheinend, hatte er
von denselben Alles erfahren, was diese selbst über
Caracciolo wußten, nämlich daß der Admiral eine Zu-
fluchtsstätte bei einem seiner Dienstleute gesucht, von dessen
Treue er überzeugt sein zu können glaubte.

Aller Wahrscheinlichkeit nach wohnte dieser Diener
nicht in der Stadt, und der Admiral war ein zu schlauer
Mann, als daß er sich so dicht in der Nähe der Krallen
des Löwen aufgehalten hätte.

Scipio nahm sich daher nicht einmal die Mühe, sich
in den beiden Häusern zu erkundigen, welche der Admiral
in Neapel, das eine in Santa Lucia beinahe an die Kirche
stoßend — und dies war das, welches er bewohnte — das
andere in der Toledostraße besaß.

Nein, es war vielmehr wahrscheinlich, daß der Admiral sich auf eines seiner Landgüter zurückgezogen, um das
offene Feld vor sich zu haben, wenn er vielleicht der Gefahr noch weiter entfliehen müßte.

Eines dieser Landgüter befand sich in Calvezzano, das
heißt am Fuße des Gebirges.

Scipio war ein kluger Kopf und vermuthete sofort,
daß dies der Ort sei, nach welchem Caracciolo sich geflüchtet.

Hier hatte er, wie wir gesagt, nicht blos das freie
Feld, sondern auch die Gebirge, diesen natürlichen Zu-
fluchtsort des Verbannten, vor sich.

Scipio ließ sich von Nelson freies Geleit geben, legte
Bauernkleider an und machte sich auf den Weg, in der Ab-

ficht, in Salvezzano als Patriot zu erscheinen, welcher flie-
hend und vor Hunger und Erschöpfung fast dem Tode nahe,
lieber die größte Gefahr riskiren, als sich noch weiterzu-
schleppen versuchen wollte.

Er trat daher keck in das Landgut ein und verlangte,
das Vertrauen der Verzweiflung heuchelnd, von dem Pächter
ein Stück Brot und ein wenig Stroh in einer Scheune.

Der vorgebliche Flüchtling spielte seine Rolle so gut,
daß der Pächter keinen Verdacht schöpfte, sondern vielmehr
unter dem Vorwand, sich zu versichern, daß ihn Niemand
in das Haus habe hineingehen sehen, ihn sich in einer Art
Backstube verstecken ließ, indem er sagte, er wolle um ihrer
gemeinschaftlichen Sicherheit willen die Runde um das Gut
machen.

In der That kehrte er zehn Minuten später mit
beruhigter Miene zurück, ließ den angeblichen Flüchtling
aus seinem Versteck herauskommen und an dem Tisch in der
Küche Platz nehmen, wo er ihm Brot, Käse und Wein
vorsetzte.

Scipio Lamarra warf sich über das Brod her wie ein
Halbverhungerter, und aß und trank mit solcher Gier, daß
der Pächter als mitleidiger Wirth sich aufgefordert fühlte,
ihn zur Mäßigung zu ermahnen und ihm zu sagen, daß es
ihm an Brod und Wein nicht fehlen solle und daß er deshalb sich mit dem Essen und Trinken Zeit nehmen könne.

Während Lamarra anfing diesen guten Rath zu befolgen, trat ein zweiter Landmann ein, welcher dieselbe
Kleidung trug wie der Pächter, aber ein wenig älter zu
sein schien. Scipio machte eine Bewegung, um sich zu er-
heben und hinauszugehen.

»Fürchtet nichts,« sagte der Pächter. »Es ist mein Bruder.«

In der That ergriff der Neueingetretene, nachdem er gegrüßt, wie ein Mann, der zu Hause ist, einen Schemel und setzte sich in einen Winkel des Kamins.

Der falsche Patriot bemerkte, daß der Bruder des Pächters die Seite wählte, wo am meisten Schatten war.

Scipio Lamarra, welcher den Admiral Caracciolo in Palermo gesehen, brauchte nur einen Blick auf den angeblichen Bruder des Pächters zu werfen, um ihn sofort zu erkennen. Es war Francesco Caracciolo.

Scipio durchschaute nun das ganze Manöver. Der Pächter hatte nicht gewagt, ihn ohne Erlaubniß seines Herrn aufzunehmen. Unter dem Vorwand nachzusehen, ob Niemand dem Fremden nachschliche, war er hinausgegangen, um Caracciolo um jene Erlaubniß zu bitten, und Caracciolo, welcher neugierig war, Nachrichten von Neapel zu erfahren, war hereingekommen und hatte sich in die Kaminecke gesetzt, denn er fürchtete seinen Gast um desto weniger, als nach dem, was ihm gemeldet worden, derselbe ein Geächteter war.

»Ihr kommt von Neapel?« fragte er nach einigen Augenblicken mit verstellter Gleichgiltigkeit.

»Leider ja,« antwortete Scipio.

»Was geht denn jetzt dort vor?«

Scipio wollte Caracciolo nicht allzu sehr erschrecken, damit dieser nicht etwa ein anderes Asyl aufsuchte.

»Man schifft die Patrioten nach Toulon ein,« sagte er.

»Nun, warum habt Ihr Euch dann nicht auch mit nach Toulon eingeschifft?«

„Weil ich Niemanden in Frankreich kenne, dagegen aber einen Bruder in Corfu habe. Ich will daher versuchen, Manfredonia zu erreichen und mich dort einzuschiffen."

Dabei blieb die Conversation stehen. Der Flüchtling schien so ermüdet zu sein, daß es grausam gewesen wäre, ihn noch länger am Schlafen zu hindern.

Caracciolo forderte deshalb den Pächter auf, ihn in sein Zimmer zu führen. Scipio nahm mit wiederholten Dankbarkeitsbetheuerungen Abschied von ihm und bat, in seinem Zimmer angelangt, seinen Wirth, ihn vor Tages-anbruch zu wecken, damit er seinen Weg nach Manfredonia weiter fortsetzen könne.

„Es wird mir dies um so leichter sein," antwortete der Pächter, „als ich selbst vor Tagesanbruch aufstehen muß, um nach Neapel zu gehen."

Scipio riskirte keine weitere Frage oder sonstige Be-merkung. Er wußte nun Alles, was er wissen wollte, und der Zufall, der sich zuweilen zum Mitschuldigen großer Ver-brechen macht, diente ihm besser, als er zu hoffen gewagt.

Am nächsten Morgen um 2 Uhr trat der Pächter in sein Zimmer. Sofort war er auf den Füßen, kleidete sich rasch an und machte sich zum Aufbruch fertig.

Der Pächter gab ihm ein kleines im Voraus zurechtge-machtes Packet, welches ein Brod, ein Stück Schinken und eine Flasche Wein enthielt.

„Mein Bruder hat mich beauftragt, Euch zu fragen, ob Ihr Geld braucht," setzte der Pächter hinzu.

Scipio schämte sich. Er zog seine Börse, welche einige Goldstücke enthielt, und zeigte sie seinem Wirth. Dann ließ er sich einen Querweg zeigen, nahm Abschied von seinem Wirth, trug ihm Danksagungen an seinen Bruder auf und entfernte sich.

Kaum aber hatte er hundert Schritte zurückgelegt, so schlug er eine andere Richtung ein, machte einen Umgang um den Pachthof herum und erwartete an einer Stelle, wo der Weg zwischen zwei Hügeln hindurchführte, den Pächter, welcher nicht verfehlen konnte, auf seinem Wege nach Neapel hier vorbeizukommen.

In der That bemerkte er eine halbe Stunde später in dem Dunkel, welches sich allmälig zu lichten begann, den Schattenriß eines Mannes, welcher den Weg von Calvezzano nach Neapel verfolgte und in welchem er sofort seinen Pächter erkannte.

Er ging sofort auf ihn zu. Der Pächter erkannte ihn seinerseits und blieb erstaunt stehen.

Es war augenscheinlich, daß er eine solche Begegnung nicht erwartet hatte.

»Ihr seid es?« fragte er.

»Wie Ihr seht, ja,« antwortete Scipio.

»Aber was macht Ihr hier, anstatt auf dem Wege nach Manfredonia zu sein?«

»Ich warte auf Euch.«

»Aber zu welchem Zweck?«

»Um Euch zu sagen, daß Lord Nelson bei Todesstrafe verboten hat, einen Rebellen zu verbergen.«

»Aber inwieferne kann mich das interessiren?« fragte der Pächter.

»Insoferne Ihr den Admiral Caracciolo bei Euch verborgen haltet.«

Der Pächter versuchte zu läugnen.

„Ach, schweigt doch,“ sagte Scipio, „ich habe ihn erkannt. Es ist der Mann, den Ihr für euern Bruder ausgeben wolltet.“

„Das ist aber wohl nicht Alles, was Ihr mir zu sagen habt?“ fragte der Pächter mit einem Lächeln, über dessen Bedeutung man sich nicht irren konnte. Es war das Lächeln eines Verräthers.

„Es ist gut,“ sagte Scipio, „ich sehe schon, daß wir einander verstehen.“

„Wie viel hat man Euch denn versprochen, wenn Ihr den Admiral Caracciolo ausliefert?“

„Viertausend Ducati,“ sagte Scipio.

„Würden darunter zweitausend für mich sein?“

„Ihr thut den Mund ein wenig weit auf, Freund.“

„Und dennoch thue ich ihn nur halb auf.“

„Ihr werdet Euch also mit zweitausend Ducati be= gnügen?“

„Ja, wenn man sich nicht allzusehr um das Geld kümmert, welches der Admiral vielleicht in meinem Hause verwahrt hat.“

„Wenn man aber nun nicht will, wie Ihr wollt?“

Der Pächter trat rasch einen Schritt zurück und zog gleichzeitig aus jeder seiner beiden Taschen ein Pistol.

„Wenn man nicht so will, wie ich will,“ sagte er, „so benachrichtige ich den Admiral, und ehe Ihr in Neapel seid, sind wir so weit, daß Ihr uns niemals einholen würdet.“

„Na, kommt her, Camerad. Ich kann ohne Euch nichts thun und will auch ohne Euch nichts thun.“

„Also ist die Sache abgemacht?“

„Meinerseits ja. Wenn Ihr Euch mir aber anvertrauen wollt, so will ich Euch zu Jemanden führen, mit dem

Ihr eure Interessen besprechen könnt und der — dafür bürge ist — sich euren Forderungen gegenüber sehr freigebig zeigen wird.«

»Und wie heißt dieser Mann?«

»Mylord Nelson.«

»O! Ich habe den Admiral Caracciolo sagen hören, Mylord Nelson sei sein größter Feind.«

»Dann hat er sich auch nicht geirrt. Eben deshalb flehe ich Euch aber auch dafür, daß Mylord Nelson an euren Forderungen nicht mäkeln wird.«

»Dann kommt Ihr also im Auftrage des Admirals Nelson?«

»Nein, in noch höherem.«

»Wohlan,« sagte der Pächter, »es ist, wie Ihr gesagt habt. Wir verstehen uns wunderschön; kommt.«

Und die beiden wackeren Männer setzten ihren Weg nach Neapel weiter fort.

Zehntes Capitel.

Horatio Nelson herrscht über Leben und Tod.

In Folge der Unterredung, welche der Pächter und Scipio Lamarra mit Mylord Nelson gehabt, hatte Sir William Hamilton an Sir John Acton geschrieben:

»Caracciolo und zwölf jener nichtswürdigen Rebellen werden bald in Mylord Nelson's Händen sein.«

Die »zwölf nichtswürdigen Rebellen« waren, wie wir aus dem Briefe Albanese's an den Cardinal ersehen, an Bord des »Donnerers« geschafft worden.

Es waren Manthonnet, Massa, Bassetti, Domenico Cirillo, Ercole, d'Agnese, Borgo, Piati, Mario Pagano, Conforti, Bassi und Velasco.

Was Caracciolo betraf, so sollte dieser am 29. Morgens ausgeliefert werden.

In der That waren während der Nacht sechs als Bauern verkleidete und bis an die Zähne bewaffnete Matrosen in Granatello ans Land gestiegen und hatten, von Scipio Lamarra geführt, den Weg nach Calvezzano eingeschlagen, wo sie gegen drei Uhr Morgens angelangt waren.

Der Pächter wachte, während Caracciolo, dem er von Neapel die beruhigendsten Nachrichten gebracht, sich niedergelegt hatte und jenem Vertrauen hingab, welches ehrliche Leute unglücklicherweise fast immer gegen Schurken an den Tag legen.

Caracciolo hatte einen Säbel unter seinem Kopfkissen und zwei Pistolen auf seinem Nachttisch liegen. Durch den Pächter jedoch von diesen Vorsichtsmaßregeln in Kenntniß gesetzt, hatten die Matrosen, als sie in das Zimmer drangen, sich vor allen Dingen der Waffen bemächtigt.

Als Caracciolo sah, daß er gefangen und daß jeder Widerstand vergeblich war, richtete er den Kopf empor und bot selbst seine Hände den Stricken dar, womit man sich anschickte ihn zu binden.

Gern wäre er dem Tod entflohen, so lange der Tod nicht da war; jetzt aber, wo er ihn dicht hinter sich fühlte, drehte er sich um und bot ihm die Stirn.

Eine Art Korbwagen wartete mit zwei Pferden bespannt vor der Thür. Man trug Caracciolo hinein, die

Soldaten ſetzten ſich um ihn herum und Scipio ergriff die Zügel.

Der Verräther hielt ſich abſeits und kam nicht zum Vorſchein.

Er hatte über den Preis ſeines Verraths unterhan‐ delt, eine Abſchlagszahlung erhalten und ſollte den Reſt nach bewirkter Auslieferung ſeines Herrn empfangen.

Um ſieben Uhr Morgens langte man in Grana‐ tello an.

Man ſchaffte den Gefangenen aus dem Wagen in das Boot. Die ſechs Bauern verwandelten ſich wieder in Ma‐ troſen, griffen zu den Rudern und ſteuerten nach dem »Donnerer«.

Seit zehn Uhr Morgens ſtand Nelſon auf dem Deck des »Donnerers« mit dem Fernrohr in der Hand und den Blick nach Granatello, das heißt zwiſchen Torre del Greco und Caſtellamare, gerichtet.

Er ſah ein Boot vom Strand abſtoßen, konnte aber bei einer Entfernung von ſieben bis acht Meilen nichts deut‐ lich erkennen. Dennoch aber und da es das einzige war, welches die ruhige glatte Fläche des Meeres durchfurchte, wendete ſein Auge ſich nicht wieder davon ab.

Es dauerte nicht lange, ſo zeigte das ſchöne Weſen, welches er am Bord hatte, lächelnd als ob ein Feſttag an‐ bräche, einen Kopf über der Luckentreppe, ſtieg vollends herauf, näherte ſich ihm und ſtützte ſich auf ſeinen Arm.

Trotz der trägen Gewohnheiten, in deren Folge Emma Lyonna den Tag oft erſt begann, wenn bereits die Hälfte desſelben vorüber war, hatte ſie ſich in der Erwartung der

großen Ereignisse, welche geschehen sollten, an diesem Tage
ungewöhnlich früh erhoben.

„Nun?“ fragte sie den Admiral.

Dieser zeigte schweigend mit dem Finger auf das sich
nähernde Boot. Er wagte noch nicht ihr zu versichern, daß
es das erwartete sei, schloß aber aus der geraden Linie,
welche es, seitdem es vom Strande abgestoßen, in der
Richtung zu dem „Donnerer“ einhielt, daß es das erwartete
sein müsse.

„Wo ist Sir William?“ fragte Nelson.

„Und diese Frage thun Sie an mich?“ fragte Emma
lachend.

Nelson lachte ebenfalls.

„Parkenson,“ sagte er dann, sich herumdrehend, zu
dem jungen Officier, der ihm am nächsten stand und dem
er überhaupt, sei es, weil er überzeugt war, daß dieser
ihm am intelligentesten gehorchen würde, seine Befehle vor-
zugsweise gern ertheilte, „Parkenson, suchen Sie Sir
William auf und sagen Sie ihm, ich hätte vollen Grund
zu glauben, daß das Boot, welches wir erwarten, in
Sicht sei.“

Der junge Mann verneigte sich und ging fort, um den
Gesandten aufzusuchen.

Während der wenigen Minuten, welche der junge
Lieutenant brauchte, um Sir William zu finden und her-
beizuholen, fuhr das Boot fort sich zu nähern und Nelson's Zweifel schwanden immer mehr. Die, wie wir bereits
bemerkt, als Bauern verkleideten Matrosen ruderten zu
regelmäßig, als daß sie wirkliche Bauern hätten sein können, und übrigens stand mit triumphirender Geberde im

Vordertheile des Bootes ein Mann, in welchem Nelson endlich Scipio Lamarra erkannte.

Parkenson fand Sir William Hamilton beschäftigt an den Generalcapitän Acton zu schreiben, und der Gesandte legte seinen kaum begonnenen Brief auf die Seite, um sich in aller Eile zu Nelson und Emma Lyonna auf das Deck zu begeben.

Der unvollendete Brief blieb auf seinem Schreibpulte liegen, und wir geben einen neuen Beweis von der Gewissenhaftigkeit, womit wir bei unseren Nachforschungen zu Werke gegangen sind, indem wir unseren Lesern diesen Anfang des Briefes vorlegen, von welchem wir ihnen später die Fortsetzung mittheilen werden.

Dieser Anfang lautete:

»Am Bord des »Donnerers«, 29. Juni 1799.

»Ich habe von Ew. Excellenz drei Briefe erhalten, zwei vom 25. und einen vom 26. datirt, und ich freue mich zu sehen, daß Alles, was Lord Nelson und ich gethan, die Billigung Ihrer sicilischen Majestäten erlangt hat. Der Cardinal bleibt hartnäckig dabei, sich von uns getrennt zu halten und will mit der Uebergabe des Fortes San Elmo nichts zu thun haben. Er hat als seinen Stellvertreter den Herzog von Salandra geschickt, damit dieser sich mit Lord Nelson über die Angriffsmittel bespreche. Der Capitän Truebridge wird die englischen Milizen und die russischen Soldaten commandiren; Sie werden sich mit einigen guten Geschützen einfinden und dann wird der Herzog von Salandra das Obercommando übernehmen. Truebridge hat gegen dieses Arrangement keine Einwendungen erhoben.

»Ich schmeichle mir, daß diese wichtige Angelegenheit

rasch beendet werden, und das Banner des Königs binnen wenigen Tagen auf San Elmo ebenso flattern wird, wie es schon auf den anderen Castellen weht."

So weit war Sir William gekommen, als der junge Officier ihn störte.

Er ging, wie wir schon bemerkt, auf das Deck hinauf und schloß sich der Gruppe an, welche Nelson und Emma Lyonna schon bildeten.

Einige Augenblicke später bestand kein Zweifel mehr. Nelson erkannte Scipio Lamarra, und die Zeichen, welche dieser gab, verkündeten, daß Caracciolo Gefangener war und daß man ihn brachte.

Was ging wohl in dem Herzen des englischen Admirals vor, als er diese so innig ersehnte Nachricht erhielt? Weder der Historiker noch der Romanschreiber besitzen Scharfblick genug, um die dicke Schichte von Gleichgiltigkeit und Unbeweglichkeit zu durchschauen, welche das Antlitz dieses Mannes überkleidete.

Es dauerte nicht lange, so konnte das Auge der drei bei diesem Fange interessirten Personen, indem es auf den Boden des Fahrzeuges blickte, den an Händen und Füßen geknebelten Admiral liegen sehen. Sein quer in das Boot gelegter Körper hatte den beiden in der Mitte sitzenden Ruderern zur Lehne dienen können.

Ohne Zweifel hielt man es nicht für passend um das Schiff herumzurudern, um an der Ehrentreppe anzulegen, oder vielleicht schämte man sich, die Sache bis zum Spott zu treiben.

Sobald die beiden ersten Matrosen mit ihren Haken die Backbordtreppe faßten, sprang jedoch Scipio Lamarra

dieselbe hinauf, um der Erste zu sein, welcher Nelson mit
lauter Stimme das Gelingen des Unternehmens verkündete.

Mittlerweile löften die Matrosen die Fesseln an den
Füßen des Admirals, damit er an Bord steigen konnte.
Die Hände dagegen ließ man ihm so fest auf dem Rücken
gebunden, daß, als später auch diese Fesseln fielen, sie um
die Handgelenke herum die blutige Spur ihrer zahlreichen Ringe zurückließen.

Caracciolo ging vor der feindseligen Gruppe vorüber,
deren Freude sein Unglück verhöhnte, und ward in ein
Gemach des Zwischendecks geführt, dessen Thür man offen
ließ, indem man zugleich zwei Schildwachen davorstellte.

Kaum war Caracciolo an Bord, so eilte Sir William,
beseelt von dem Wunsche der Erste zu sein, der dem König
und der Königin diese gute Nachricht meldete, wieder in
sein Zimmer hinauf, griff wieder zur Feder und fuhr fort
zu schreiben:

»Soeben haben wir Caracciolo gesehen — bleich, mit
langem Barte, halb todt, mit niedergeschlagenen Augen und
geknebelten Händen. Man hat ihn an Bord des »Don-
neres« gebracht, wo sich bereits nicht blos die, welche ich
Ihnen genannt, sondern auch der Sohn Caffano's, *) Don
Julio, der Priester Pacifico und andere nichtswürdige Verräther befinden. Ich vermuthe, daß man mit den Straf-

*) Ein Wort über diesen jungen Mann, der in unserer Ge-
schichte keine Rolle spielt, uns aber im Vorbeigehen einen
Begriff von der Verworfenheit gewisser Seelen zu jener Zeit
geben kann. Obschon kaum sechzehn Jahre alt, ward er ent-
hauptet und acht Tage nach seiner Hinrichtung gab sein Vater
den Richtern des Sohnes ein großes Gastmahl.

barften kurzen und schnellen Prozeß machen wird. Es ist allerdings etwas Entsetzliches, ich aber, der ich die Undankbarkeit und die Verbrechen dieser Menschen kenne, fühle nicht den erschütternden Eindruck wie die zahlreichen Personen, welche diesem Schauspiel beigewohnt haben. Uebrigens glaube ich, daß es für uns etwas ganz Vortreffliches ist, in dem Augenblick, wo man den Angriff auf das Fort San Elmo richten wird, die Hauptschuldigen am Bord des „Donnerers" zu haben, da wir auf diese Weise in den Stand gesetzt sind, für jede Kugel, welche die Franzosen auf die Stadt Neapel abfeuern, einen Kopf abschlagen zu lassen.

„Leben Sie wohl ꝛc.   W. Hamilton."

„Nachschrift. Kommen Sie, wo möglich, um Alles beizulegen. Ich hoffe, daß wir vor Ankunft der Majestäten einige Angelegenheiten beendet haben, welche sie betrüben könnten. Caracciolo's Prozeß wird von den Officieren Ihrer sicilischen Majestäten gemacht werden. Wenn er, wie dies wahrscheinlich ist, verurtheilt wird, so wird das Urtheil auch sofort vollstreckt werden. Er scheint vor Erschöpfung schon halb todt zu sein. Er verlangte von englischen Officieren gerichtet zu werden.

„Da das Schiff, welches Ihnen diesen Brief bringen wird, binnen wenigen Augenblicken nach Palermo unter Segel geht, so kann ich Ihnen nichts weiter sagen."

Diesmal konnte William Hamilton, ohne Furcht sich zu täuschen, verkünden, daß der Prozeß nicht lange dauern würde.

Wir theilen nachstehend Nelson's Befehle mit. Man wird ihn nach diesen nicht beschuldigen, daß er den Gefangenen habe warten lassen.

„An den Capitän Grafen von Thurn, Commandanten der königlichen Fregatte „Minerva".

„Francesco Caracciolo, Commodore Seiner sicilischen Majestät, ist gefangengenommen worden und der Rebellion gegen seinen rechtmäßigen Souverän angeklagt, weil er auf die königliche Flagge Feuer gegeben, die auf der unter Ihren Befehlen stehenden Fregatte „Minerva" aufgehißt war.

„Kraft gegenwärtiger Ordre wird Ihnen hiermit befohlen, fünf der ältesten unter Ihrem Commando stehenden Officiere zusammenzurufen, den Vorsitz selbst zu übernehmen und zu untersuchen, ob das Verbrechen, dessen der genannte Caracciolo angeklagt ist, bewiesen werden kann. Geht aus dieser Untersuchung der Beweis des Verbrechens hervor, so werden Sie sodann wieder bei mir anfragen, um zu erfahren, welche Strafe der Angeklagte erleiden soll.

„An Bord der „Donnerers", Meerbusen von Neapel, 29. Juni 1799.

„Horatio Nelson."

Aus den von uns unterstrichenen wenigen Worten ersieht man, daß es nicht das Kriegsgericht war, welches den Prozeß führte, daß es nicht die von der Strafbarkeit des Angeklagten überzeugten Richter waren, welche die Strafe nach ihrem Gewissen dictiren sollten, nein, es war dies vielmehr Nelson, der weder der Instruction noch dem Verhör beiwohnte, welcher während dieser Zeit vielleicht mit der schönen Emma Lyonna von Liebe plauderte; es war Nelson, der, ohne auch nur Kenntniß von dem Prozeß genommen zu haben, für sich das Recht beanspruchte, das Urtheil zu sprechen und die Strafe zu bestimmen.

Diese Anklage ist eine so schwere, daß auch hier, wie uns dies im Laufe unserer Erzählung schon so oft begegnet ist, der Romanschreiber, damit man ihn nicht beschuldige, zu viel ersonnen zu haben, die Feder dem Historiker übergibt und zu ihm sagt: „Nun bist Du an der Reihe, Bruder; die Phantasie hat nicht das Recht zu erfinden, nur die Geschichte hat das Recht zu sagen, was Du sagen wirst."

Wir versichern daher, daß man vom Anfang dieses Capitels an kein Wort gelesen hat, und ebenso bis zum Ende desselben keines lesen wird, welches nicht die reinste Wahrheit wäre. Es ist nicht unsere Schuld, wenn diese nackte Wahrheit eben deshalb nur um so schrecklicher ist.

Nelson hatte, ohne sich um das Urtheil der Nachwelt oder auch nur um das der Zeitgenossen zu kümmern, beschlossen, daß Caracciolo's Prozeß auf seinem eigenen Schiffe stattfinden soll, denn er fürchtete, wie Clarke und Marc Arthur in ihrer Lebensgeschichte Nelson's sagen, daß, wenn der Prozeß an Bord eines neapolitanischen Schiffes stattfände, die Mannschaft sich empöre, so sehr," fügen jene Herren selbst hinzu, „so sehr ward Caracciolo in der Marine geliebt."

Der Prozeß begann daher sofort nach Veröffentlichung des von Nelson ertheilten Befehles.

Nelson fragte nicht danach, daß er in seinem Servilismus gegen die Königin Caroline und gegen den König Ferdinand und vielleicht in seinem von Caracciolo so schwer beleidigten persönlichen Stolz alles Völkerrecht mit Füßen trat, denn es stand ihm nicht die Befugniß zu, einen Angeklagten zu richten, der ihm an Rang gleich, in Bezug auf sociale Stellung aber über ihm stand und der, wenn er strafbar war, sich dafür nur gegen den König beider Sicilien, aber nicht gegen den König von England zu verantworten hatte.

Damit man uns nicht in Bezug auf Caracciolo der Parteilichkeit und hinsichtlich Nelson's der Ungerechtigkeit beschuldige, wollen wir das Protokoll des Kriegsgerichtes rein und einfach dem Buche der Lobredner des englischen Admirals entlehnen.

Dieses Protokoll erscheint uns in seiner Einfachheit weit ergreifender als der von Cuoco erfundene oder von Coletta fabricirte Roman.

Die unter dem Vorsitze des Grafen v. Thurn das Kriegsgericht bildenden neapolitanischen Officiere versammelten sich sofort in dem Officierszimmer.

Zwei englische Matrosen begaben sich auf Befehl des Grafen v. Thurn in das Gemach, in welches Caracciolo gebracht worden, nahmen ihm die Stricke ab, womit er gefesselt war, und führten ihn vor das Kriegsgericht.

Der Raum, in welchem dieses versammelt war, blieb dem Gebrauche gemäß offen, und Jeder hatte Zutritt.

Caracciolo erkannte in seinen Richtern, abgesehen von dem Grafen von Thurn, lauter Officiere, die unter ihm gedient. Er lächelte und schüttelte den Kopf.

Es war augenscheinlich, daß nicht einer dieser Männer wagen würde ihn freizusprechen.

Es lag in dem, was Sir William gesagt, etwas Wahres. Obschon kaum neunundvierzig Jahre alt, schien

Caracciolo doch in Folge seines verwilderten Bartes und Haupthaares deren siebzig zu zählen.

Als er jedoch seinen Richtern gegenüberstand, richtete er sich zur ganzen Höhe seines Wuchses auf und fand die Sicherheit, die Festigkeit und den Blick eines Mannes wieder, welcher gewohnt ist zu befehlen. Sein durch die Wuth verstörtes Gesicht gewann den Ausdruck stolzer Ruhe.

Das Verhör begann. Caracciolo verschmähte es nicht, die an ihn gestellten Fragen zu beantworten, und der Hauptinhalt dieser Antworten war folgender:

„Nicht der Republik habe ich gedient, sondern Neapel; nicht das Königthum habe ich bekämpft, sondern den Mord, die Plünderung, die Brandstiftung. Schon seit langer Zeit diente ich als gemeiner Soldat, als man mich gewissermaßen zwang, das Commando der republikanischen Marine zu übernehmen, ein Commando, welches ich unmöglich ablehnen konnte. "

Hätte Nelson dem Verhör beigewohnt, so hätte er diese Aussage Caracciolo's bestätigen können, denn es waren noch nicht drei Monate her, als Truebridge, wie man sich erinnert, ihm geschrieben hatte:

„Soeben erfahre ich, daß Caracciolo die Ehre genießt, als gemeiner Soldat mit auf Wache zu ziehen. Gestern hat man ihn an dem Palast Schildwache stehen sehen. Er hatte sich geweigert Dienst zu thun, aber, wie es scheint, zwingen die Jakobiner alle Welt."

Man fragte ihn hierauf, warum er, da er gezwungen gedient, die zahlreichen Gelegenheiten, die sich ihm zur Flucht dargeboten, nicht benutzt habe.

Er antwortete, Flucht bleibe immer Flucht. Es sei

möglich, daß er durch ein falsches Ehrgefühl zurückgehalten worden, er habe sich aber einmal zurückhalten lassen. Wenn dies ein Verbrechen sei, so gestünde er es hiermit.

Dabei blieb das Verhör stehen. Man wollte von Caracciolo ein einfaches Geständniß. Dieses Geständniß hatte er gethan, und obschon er es mit großer Ruhe und Würde gethan, obschon die Art und Weise, auf welche er geantwortet« — heißt es in dem Protokoll — »ihm die Sympathie der die italienische Sprache verstehenden englischen Officiere, welche der Sitzung beigewohnt, erworben hatte,« so ward die Sitzung doch beschlossen. Das Verbrechen war bewiesen.

Caracciolo ward wieder in sein Gefängniß zurückgebracht und wieder von zwei Schildwachen bewacht.

Was das Protokoll betraf, so ward es Nelson durch den Grafen von Thurn überbracht.

Nelson las es begierig. Ein Ausdruck wilder Freude zuckte über sein Gesicht. Er ergriff eine Feder und schrieb:

»An den Commodore Grafen von Thurn.«

»In Erwägung, daß das aus im Dienste Seiner sicilischen Majestät stehenden Officieren zusammengesetzte Kriegsgericht versammelt gewesen ist, um Francesco Caracciolo wegen des Verbrechens der Rebellion gegen seinen Souverän zu verhören;

»in Erwägung, daß das genannte Kriegsgericht den offenen Beweis dieses Verbrechens erlangt und folglich in dieser Ueberzeugung gegen den genannten Caracciolo ein Urtheil gefällt hat, welches die Todesstrafe zur Folge haben muß:

»wird Ihnen hiermit aufgetragen und befohlen, das

genannte Todesurtheil gegen den genannten Caracciolo mittelst des Stranges an der großen Raa der Sr. sicilischen Majestät gehörenden, unter Ihren Befehlen stehenden Fregatte „Minerva" vollziehen zu lassen. Das genannte Todesurtheil wird noch heute fünf Uhr Nachmittags vollzogen und nachdem der Verurtheilte von fünf Uhr bis zu Sonnenuntergang gehangen hat, der Strang durchschnitten und die Leiche in das Meer geworfen werden.

„An Bord des „Donnerers", Neapel, am 29. Juni 1799.

„Horatio Nelson."

In dem Augenblick, wo Nelson diesen Urtheilsspruch fällte, waren zwei Personen in seiner Cajüte.

Ihrem der Königin geleisteten Schwure treu, verhielt Emma sich unempfindlich und sprach kein Wort zu Gunsten des Verurtheilten. Sir William Hamilton dagegen konnte, obschon gegen diesen nicht sonderlich weichherzig, doch, nachdem er das Urtheil, welches Nelson soeben niedergeschrieben, gelesen, nicht umhin zu ihm zu sagen:

„Die Barmherzigkeit will, daß man den Verurtheilten vierundzwanzig Stunden bewilligt, damit sie sich zum Tode bereiten können."

„Mit Verräthern habe ich kein Erbarmen," antwortete Nelson.

„Nun, wenn die Stimme des Erbarmens schweigt, so muß man wenigstens noch die der Religion hören," sagte Sir William.

Ohne aber dem Gesandten zu antworten, nahm Nelson ihm das niedergeschriebene Urtheil aus der Hand, reichte es dem Grafen von Thurn und sagte:

„Lassen Sie es vollstrecken.“

Elftes Capitel.

Die Hinrichtung.

Wir haben es schon gesagt und wir wiederholen es, wir haben in dieser traurigen Erzählung, welche dem Andenken eines der größten Kriegsmänner, welche jemals gelebt, einen so dunklen Flecken aufdrückt, der Phantasie keinen Spielraum gestatten wollen, obschon es möglich wäre, daß durch irgend ein Mittel der Kunst wir auf unsere Leser einen noch tiefern Eindruck gemacht hätten, als durch die einfache Lectüre von amtlichen Urkunden.

Wir hätten aber dann eine zu schwere Verantwortlichkeit auf uns genommen, und da wir von dem Urtheil Nelson's an die Nachwelt appelliren, da wir den Richter richten, so wollen wir, daß im Gegensatz zu dem ersten Urtheil, dieser Frucht des Zornes und des Hasses, die Berufung die ganze Ruhe und Feierlichkeit einer loyalen, ihres Erfolges sichern Sache habe.

Wir verzichten daher auf jene Hilfsmittel, die uns so oft ihre mächtige Mitwirkung geliehen, und halten uns an die englische Erzählung, welche natürlich Nelson günstig und Caracciolo feindselig sein muß.

Wir schreiben ab.

Während jener feierlichen Stunden, die zwischen dem Urtheilsspruch und der Vollstreckung desselben verflossen, ließ Caracciolo den Lieutenant Parkenson zweimal zu sich rufen und bat ihn zweimal, sich für ihn bei Nelson zu vermitteln.

Das erste Mal, um die Revision seines Urtheils zu erlangen; das zweite Mal, damit man ihm die Gnade gewähre, ihn zu erschießen, anstatt durch den Strang hinzurichten.

Sein Rang als Fürst gab ihm Anspruch auf einen Edelmannstod, sein Rang als Admiral auf einen Soldatentod.

Dem über ihn gefällten Urtheil gemäß aber sollte er den Tod der Räuber und Mörder, einen entehrenden Tod, sterben.

Nelson überschritt nicht blos seine Vollmacht, indem er einen Mann, der ihm im Range gleich, in socialer Beziehung aber über ihm stand, zum Tode verurtheilte, sondern er wählte auch eine Todesart, welche in Caracciolo's Augen die Schrecken der Hinrichtung verdoppeln mußte.

Um diesem entehrenden Tode zu entgehen, zögerte Caracciolo nicht, sich zum Bitten zu erniedrigen.

»Ich bin alt,« sagte er zu dem Lieutenant Parkenson, »ich hinterlasse keine Familie, welche meinen Tod beweinte, und man wird nicht voraussetzen, daß es mir in meinem Alter, und da ich ganz allein stehe, großen Schmerz macht, vom Leben Abschied zu nehmen. Die Schmach aber, zu sterben wie ein Seeräuber, ist mir unerträglich und bricht mir, ich gestehe es, das Herz.«

Während der ganzen Zeit, welche die Abwesenheit des jungen Lieutenants dauerte, war Caracciolo sehr aufgeregt und unruhig.

Der junge Officier kam zurück. Es war augenscheinlich, daß er eine abschlägige Antwort brachte.

„Nun?“ fragte Caracciolo lebhaft.

„Mylord Nelson's Antwort,“ sagte der junge Mann,
„lautet Wort für Wort wie folgt: Caracciolo ist von Officieren seiner Nation unparteiisch gerichtet worden, und mir,
der ich Ausländer bin, kommt es nicht zu, mich einzumischen, um Gnade zu üben.“

Caracciolo lächelte bitter.

„Also,“ sagte er, „Mylord Nelson hat das Recht gehabt, sich einzumischen, um mich zum Strange verurtheilen
zu lassen, aber er hat nicht das Recht sich einzumischen, um
mich erschießen anstatt aufknüpfen zu lassen.“

Dann drehte er sich nach dem Boten herum und fuhr
fort:

„Vielleicht, mein junger Freund, haben Sie Mylord
nicht so inständig gebeten, wie Sie es hätten thun sollen.“

Parkenson traten die Thränen in die Augen.

„Fürst,“ sagte er, „ich habe Mylord so inständig gebeten, daß er mich mit drohender Geberde fortschickte und
zu mir sagte: Lieutnant, wenn ich Ihnen einen guten Rath
geben soll, so ist es der, sich um Ihre eigenen Angelegenheiten zu bekümmern. Doch gleichviel,“ fuhr Parkenson fort,
„wenn Sie, Excellenz, mir noch irgend einen andern Auftrag zu ertheilen haben, so werde ich denselben gern aus-
führen, sollte ich deswegen auch in Ungnade fallen.“

Caracciolo lächelte, als er die Thränen des jungen
Mannes sah, reichte ihm die Hand und entgegnete:

„Ich habe mich an Sie gewendet, weil Sie der jüngste
Officier sind und weil in Ihrem Alter ein schlechtes Herz

noch eine Seltenheit ist. Wohlan, rathen Sie mir, glauben
Sie, daß, wenn ich mich an Lady Hamilton wende, diese
für mich bei Mylord Nelson etwas auswirkt?«

»Sie besitzt allerdings großen Einfluß auf Mylord,«
sagte der junge Mann. »Wir wollen es versuchen.«

»Nun gut, gehen Sie denn zu ihr und tragen Sie ihr
meine Bitte vor. Vielleicht habe ich mich in einer glücklichern
Zeit eines Unrechts gegen sie schuldig gemacht. Sie möge
dies vergessen, und wenn ich das Feuer, welches man
gegen mich richten wird, commandire, werde ich sie noch mit
meinem letzten Lebenshauche segnen.«

Parkenson ging auf das Deck, und als er sah, daß
Lady Hamilton nicht auf demselben war, so versuchte er in
ihre Cajüte zu gelangen.

Trotz seiner Bitten aber blieb die Thür geschlossen.

Bei dieser Meldung sah Caracciolo ein, daß er alle
Hoffnung aufgeben müsse, und da er seine Würde nicht
tiefer erniedrigen wollte, so drückte er dem jungen Officier
die Hand und beschloß kein Wort mehr zu sprechen.

Um ein Uhr traten zwei Matrosen bei ihm gleichzeitig
mit dem Grafen von Thurn ein, der ihm meldete, daß er
den »Donnerer« verlassen und sich an Bord der »Minerva«
begeben müsse.

Caracciolo streckte die Hände aus.

»Die Hände dürfen nicht vorne, sondern müssen auf
den Rücken gebunden werden,« sagte der Graf von Thurn.

Caracciolo legte die Hände auf den Rücken.

Man ließ von dem Strick, womit man ihm die Hände
fesselte, ein langes Stück herabhängen, dessen äußerstes
Ende einer der englischen Matrosen festhielt.

Ohne Zweifel fürchtete man, daß er, wenn man ihm die Hände freiließe, sich in's Meer stürze und der Hinrichtung durch den Selbstmord zuvorkäme. In Folge der getroffenen Vorkehrung stand dies jedoch nun nicht mehr zu fürchten.

Gebunden und geknebelt wie der verworfenste Verbrecher verließ demgemäß Caracciolo, ein Admiral, ein Fürst, einer der ausgezeichnetsten Männer von Neapel, das Verdeck des „Donnerers", welches er seiner ganzen Länge nach zwischen zwei Reihen Matrosen durchschritt.

Wenn aber der Schimpf so weit getrieben wird, so fällt er auf den zurück, von welchem er ausgeht, nicht aber auf den, der ihn erleidet.

Zwei kriegsmäßig bewaffnete Boote begleiteten rechts und links das, auf welchem Caracciolo sich befand.

Man legte an der „Minerva" an. Als er dieses schöne Schiff, auf welchem er geherrscht und welches ihm während der Ueberfahrt von Neapel nach Palermo mit so großer Unterwürfigkeit gehorcht hatte, in der Nähe wiedersah, stieß er einen Seufzer aus und zwei Thränen perlten in seinen Augen.

Er stieg die Backbordtreppe, das heißt die für untergeordnete Personen bestimmte, hinauf.

Die Officere und Soldaten standen auf dem Deck aufgestellt. Die Schiffsglocke schlug halb zwei Uhr.

Der Caplan wartete.

Man fragte Caracciolo, ob er die ihm noch übrige Zeit zu einer frommen Conferenz mit dem Priester zu verwenden wünsche.

„Ist Don Severo immer noch Caplan der „Minerva"?
fragte er.

„Ja, Excellenz," antwortete man ihm.

„In diesem Falle führt mich zu ihm."

Man führte den Verurtheilten in die Cajüte des
Priesters.

Der würdige Mann hatte in der Eile einen kleinen
Altar errichtet.

„Ich glaubte," sagte er zu Caracciolo, „daß Sie in
dieser feierlichen Stunde vielleicht den Wunsch hegten, das
Abendmahl zu genießen."

„Ich glaube nicht, daß meine Sünden groß genug sind,
um nur durch die Communion abgewaschen werden zu können; wären sie aber auch noch größer, so scheint mir doch der
entehrende Tod, den ich erleiden soll, eine vollkommen ge-
nugende Sühne zu sein."

„Werden Sie sich also weigern, den geheiligten Leib
unseres Herrn und Heilandes zu empfangen?" fragte der
Priester.

„Nein, davor bewahre mich Gott!" antwortete Caracciolo, indem er niederkniete.

Der Priester sprach die heiligen Worte, durch welche
die Hostie geweiht wird, und Caracciolo empfing dieselbe
dann fromm und andächtig.

„Sie hatten Recht, mein Vater," sagte er „ich fühle
mich jetzt weit stärker und besonders weit ergebener als
vorher."

Die Uhr schlug nach der Reihe zwei Uhr, drei Uhr,
vier Uhr, fünf Uhr.

Die Thür öffnete sich.

Caracciolo folgte dem Priester, und folgte, ohne ein Wort zu sprechen, der Mannschaft, welche ihn abholte.

Als er auf das Deck kam, sah er einen Matrosen, welcher weinte.

„Warum weinst Du?" fragte ihn Caracciolo.

Der Matrose zeigte ihm, ohne zu antworten, aber schluchzend, den Strick, den er in den Händen hielt.

„Da Niemand von meinen Freunden weiß, daß·ich jetzt sterben werde," sagte Caracciolo, „so beweint mich auch Niemand als Du, mein alter Kriegscamerad! Um- arme mich daher im Namen meiner Familie und meiner Freunde."

Dann wendete er sich nach der Richtung, in welcher der „Donnerer" lag, und sah auf der Campanse eine Gruppe von drei Personen, welche zusahen.

Die eine davon hatte ein Fernrohr in der Hand.

„Tretet ein wenig auf die Seite, meine Freunde," sagte Caracciolo zu den Matrosen, welche das Spalier bil- deten. „Ihr benehmt Mylord Nelson die Aussicht."

Die Matrosen traten auf die Seite.

Der Strang war über die große Raa geworfen, und hing über Caracciolo's Kopf.

Der Graf von Thurn gab ein Zeichen.

Die Schlinge ward dem Admiral um den Hals gelegt und zwölf Mann zogen, das Tau anholend, den Körper des Verurtheilten etwa zehn Fuß in die Höhe.

Gleichzeitig ließ ein Knall sich hören und der Rauch eines Kanonenschusses stieg in das Takelwerk des Schiffes empor.

Mylord Nelson's Befehle waren ausgeführt.

Obschon aber der englische Admiral die Hinrichtung in allen ihren Einzelheiten selbst mit angesehen, so begab sich doch, sobald der Kanonenschuß gelöst war, der Graf von Thurn in seine Cajüte und schrieb:

"Dem Admiral Mylord Nelson wird hiermit gemeldet, daß das gegen Francesco Caracciolo gefällte Urtheil auf die anbefohlene Weise vollstreckt ist.

"Am Bord der königlichen Fregatte "Minerva", am 29. Juni 1799.

"Graf von Thurn."

Ein Boot ward sofort ausgesetzt, um dem Lord Nelson diese Meldung zu überbringen.

Nelson bedurfte derselben nicht, um zu wissen, daß Caracciolo todt war. Er hatte, wie wir bereits erwähnt, die Hinrichtung in allen ihren Einzelheiten mit angesehen, und übrigens konnte er, wenn er den Blick auf die "Minerva" heftete, die Leiche noch unter der Raa hin- und herbaumeln sehen.

Ehe daher noch das Boot mit der Meldung das Admiralschiff erreichte, hatte Nelson schon den folgenden Brief an Acton geschrieben:

"Excellenz!

"Ich habe nicht Zeit, Ihnen das Protokoll über den jenem Elenden Caracciolo gemachten Proceß zu übersenden.

"Ich kann Ihnen blos sagen, daß er diesen Morgen gerichtet worden ist und daß er sich dem über ihn gefällten gerechten Spruch unterworfen hat. Ich sende Euer Excellenz meine Zustimmung zu diesem Spruche, so wie ich dieselbe gegeben:

"Ich billige das gegen Francesco Caracciolo ausgesprochene Todesurtheil, welches heute Nachmittags fünf Uhr am Bord der Fregatte „Minerva“ vollstreckt werden wird. „Ich habe die Ehre ꝛc.

„Horatio Nelson.“

Noch denselben Tag und mit demselben Courier schrieb Sir William Hamilton den folgenden Brief, welcher beweist, mit welcher Hartnäckigkeit Nelson in Bezug auf den neapolitanischen Admiral die Instructionen des Königs und der Königin befolgte.

„An Bord des „Donnerers“, 29. Juni 1799.

„Geehrter Herr!

„Kaum habe ich Zeit, Mylord Nelson's Briefe hinzuzufügen, daß Caracciolo durch die Majorität des Kriegsgerichtes zum Tode verurtheilt worden und daß Mylord Nelson's Befehl zufolge die Vollstreckung des Urtheils heute Nachmittag fünf Uhr an der großen Raa der „Minerva“ stattfinden und die Leiche dann in's Meer geworfen werden wird. Graf Thurn machte bemerklich, daß es unter solchen Umständen gebräuchlich sei, dem Verurtheilten vierundzwanzig Stunden Zeit zu bewilligen, um für sein Seelenheil sorgen zu können. Mylord Nelson's Befehle sind jedoch aufrecht erhalten worden, obschon ich Thurn's Meinung unterstützte.

„Die übrigen Delinquenten befinden sich an Bord der von unserer ganzen Flotte umzingelten Tartanen noch zur Verfügung des Königs.

„Alles, was Lord Nelson gethan, ist ihm durch sein Gewissen und seine Ehre dictirt worden, und ich glaube, daß später seine Maßnahmen als die weisesten anerkannt werden, welche man überhaupt hätte treffen können. Mittlerweile aber sorgen Sie um Gotteswillen dafür, daß der König an Bord des „Donnerers“ komme und seine königliche Flagge aufziehen lasse.

„Morgen werden wir den Angriff auf San Elmo eröffnen. Der Würfel ist gefallen. Gott wird der guten Sache den Sieg verleihen. An uns ist es, fest zu bleiben und auszuharren bis ans Ende.

„W. Hamilton.“

Man sieht, daß trotz seiner Ueberzeugung, daß Nelson's Maßnahmen die besten gewesen seien, welche man hätte treffen können, Sir William Hamilton und diejenigen, deren Dolmetscher er ist, mit dem größten Ungestüm den König auf dem „Donnerer“ zu sehen wünschen. Sie können es nicht erwarten, daß die Anwesenheit des Königs das furchtbare Drama heilige, welches soeben hier aufgeführt worden.

Das über Caracciolo gefällte Todesurtheil und die Vollstreckung desselben sind in Nelson's Schiffstagebuch, welches wir, so weit die betreffende Stelle reicht, wörtlich abschreiben, folgendermaßen eingetragen. Man wird sehen, daß diese Notiz keinen großen Platz einnimmt.

„Sonnabend 29. Juni bei ruhigem Wetter, aber bewölktem Himmel sind das königliche Schiff der „Rainha“ und die Brigg „Balloon“ eingetroffen. Ein Kriegsgericht hat Francesco Caracciolo gerichtet, verurtheilt und an Bord der neapolitanischen Fregatte „Minerva“ aufknüpfen lassen.“

Und durch diese drei Zeilen ward der König Ferdinand beruhigt, die Königin Caroline zufriedengestellt,

Emma Lyonna dem Fluch der Nachwelt anheimgegeben und Nelson entehrt.

Zwölftes Capitel.

Die Erscheinung.

Caracciola's Hinrichtung verbreitete in Neapel gewaltige Bestürzung. Welcher Partei man auch angehören mochte, so erkannte man in dem Admiral einen Mann, der in Folge seiner Geburt und seines Genies zu den hervorragendsten gezählt werden mußte. Sein Lebenswandel war untadelhaft und rein von allen jenen moralischen Schmutzflecken gewesen, wovon das Leben eines Hofmannes selten frei ist.

Allerdings war Caracciolo nur in feinen Mußestunden Hofmann gewesen, und man hat gesehen, daß er in diesen Mußestunden das Königthum mit eben so viel Unerschrockenheit und Muth zu vertheidigen gesucht hatte, wie er später das Vaterland vertheidigte.

Diese Hinrichtung war besonders für die Gefangenen, unter deren Augen sie stattgefunden, ein furchtbares Schauspiel. Sie sahen darin ihr eigenes Urtheil, und als bei Sonnenuntergang dem Spruch gemäß der Strang durchschnitten worden und der Körper des Hingerichteten, auf welchen Aller Augen gerichtet waren, von den Kanonenkugeln, die man ihm an den Füßen befestigt, rasch in das Meer hinabgezogen ward, da erscholl ein furchtbarer Schrei aus dem Munde der Gefangenen auf allen Schiffen, rollte wie die Klage des Meergeistes über den Wasserspiegel hin

und fand sein Echo selbst an den Wänden des „Donnerers".

Der Cardinal wußte nichts von Allem, was an diesem furchtbaren Tage geschehen. Nicht blos Caracciolo's
Prozeß war ihm unbekannt, sondern auch seine Gefangennehmung.

Nelson hatte, wie man gesehen, Sorge getragen, den
Gefangenen über Granatella transportiren zu lassen und ausdrücklich verboten, Ruffo's Lager zu passiren, denn ganz
gewiß hätte der Cardinal nicht gestattet, daß ein englischer
Officier, mit welchem er übrigens seit einigen Tagen über
einen so wichtigen Ehrenpunkt wie der der Verträge in
vollständigem Meinungszwiespalt befand, Hand an einen
neapolitanischen Fürsten, wäre dieser Fürst selbst sein
Feind gewesen, geschweige denn an Caracciola, lege, mit
welchem er eine Art, wenn auch nicht Offensiv-, doch De-
fensivbündniß geschlossen.

Man erinnert sich, daß, als der Cardinal und der
Fürst einander am Strande von Cotona verließen, sie sich
gegenseitig versprochen hatten, einer den andern zu schützen,
und zu jener Zeit, wo man, dafern man nicht mit prophe-
tischem Geiste begabt war, über die Zukunft kein Urtheil
hatte, konnte man ebenso gut glauben, daß es der Fürst
sein würde, als Ruffo, welcher den Fürsten schützen würde.

Indessen, bei dem an Bord des „Donnerers" abge-
feuerten Kanonenschuß und beim Anblick eines an der Raa
hängenden Cadavers hatte man dem Cardinal ohne Zeitver-
lust gemeldet, daß ohne Zweifel eine Hinrichtung an Bord
der Fregatte „Minerva" stattgefunden habe.

Einfach von Neugier getrieben, stieg der Cardinal auf

die Terraffe feines Haufes. In der That fah er mit bloßem
Auge eine Leiche, welche in der Luft hin= und herbaumelte,
und ließ ein Fernrohr holen.

Caracciolo hatte aber, feitdem er fich von dem Car=
dinal getrennt, fich Haar und Bart wachfen laffen, was
ihn, befonders in diefer Entfernung, für den Cardinal un=
fenntlich machte.

Ueberdies war Caracciolo, den man in der Kleidung,
in welcher man ihn gefangengenommen, gehängt, als
Bauer gekleidet.

Der Cardinal glaubte daher, diefer Cadaver fei der
eines Spions, welcher fich habe erwifchen laffen, und ohne
fich weiter mit diefem Vorfall zu befchäftigen, wollte er
wieder in fein Cabinet hinuntergehen, als er von der „Mi=
nerva“ ein Boot abftoßen und direct auf feine Wohnung
zufteuern fah.

Dies bewog ihn zu bleiben, wo er war.

So wie das Boot näher kam, gewann der Cardinal
immer mehr die Ueberzeugung, daß er es fei, mit welchem
der in dem Boot kommende Officier zu thun habe.

Diefer Officier trug die Uniform der neapolitanifchen
Marine, und obfchon es dem Cardinal fchwer geworden
wäre, einen Namen zu diefem Geschichte zu finden, fo war
diefes ihm gleichwohl nicht ganz unbekannt.

Als das Boot fich dem Strande bis auf einige Schritte
genähert hatte, verneigte der Officier, welcher feinerfeits den
Cardinal ebenfalls fchon längft erkannt, fich ehrerbietig,
und zeigte ihm den Brief, den er überbrachte.

Der Cardinal ging nun hinunter, und fah fich gleich=
zeitig mit dem Boten an der Thür feines Cabinets.

Der Bote verneigte sich und reichte dem Cardinal den Brief und sagte:

„An Ew. Eminenz von Sr. Excellenz dem Grafen von Thurn, Capitän der Fregatte „Minerva“.

„Sollen Sie Antwort mitbringen, mein Herr?“ fragte der Cardinal.

„Nein, Eminenz,“ antwortete der Officier. Dann, nachdem er sich nochmals verbeugt, entfernte er sich wieder.

Der Cardinal stand ganz erstaunt mit dem Briefe in der Hand da. Die Schwäche seiner Augen zwang ihn, um denselben zu lesen, in sein Cabinet zurückzukehren. Er hätte den Officier zurückrufen und befragen können, dieser aber hatte, mit dem sichtbaren Wunsche, sich zu entfernen, geantwortet: „Es ist keine Antwort nöthig.“ Deshalb ließ er ihn seinen Weg fortsetzen, kehrte in sein Cabinet zurück, nahm seine Brille zu Hilfe, öffnete den Brief und las:

„Bericht an Se. Eminenz den Cardinal Ruffo über die Verhaftung, Verurtheilung und den Tod Francesco Caracciolo's.“

Dem Cardinale entschlüpfte unwillkürlich ein Ausruf, welcher aber mehr Erstaunen als Schmerz verrieth. Er las nochmals und dann fiel ihm plötzlich ein, daß jene Leiche, die er an der Spitze einer Raa baumeln gesehen, die des Admirals Caracciolo gewesen sein könne.

„O,“ murmelte er, indem er seinen Arm schlaff am Körper herabhängen ließ, „wie weit ist es mit uns gekommen, wenn die Engländer die neapolitanischen Fürsten im Hafen von Neapel aufknüpfen!“

Dann nach einem Augenblicke setzte er sich an sein Pult,
hielt sich den Brief wieder vor die Augen und las:
„Eminenz!

„Ich muß Ew. Eminenz melden, daß ich heute Mor=
gen vom Admiral Nelson Befehl erhielt, mich sofort in
Begleitung von fünf Officieren meiner Mannschaft an Bord
seines Schiffes zu verfügen. Ich gehorchte diesem Befehle
sofort, und als ich an Bord des „Donnerers" kam, erhielt
ich die schriftliche Aufforderung, auf diesem Schiffe ein
Kriegsgericht zu bilden, um den der Rebellion gegen Se.
Majestät unseren erhabenen Gebieter angeklagten Chevalier
Don Francesco zu richten und einen Spruch über die seinem
Verbrechen gebührende Strafe zu fällen.

„Dieser Aufforderung ward sofort genügt und in dem
Officierraume des genannten Schiffes ein Kriegsgericht
gebildet. Gleichzeitig ließ ich den Angeklagten vorführen.
Vor allen Dingen ließ ich ihn von allen Officieren reco=
gnosciren, um ihnen die Ueberzeugung zu gewähren, daß
es wirklich der Admiral sei. Dann ließ ich ihm die gegen
ihn erhobenen Beschuldigungen vorlesen und fragte ihn, ob
er etwas zu seiner Vertheidigung vorzubringen habe.

„Er beantwortete diese Frage mit ja, und nachdem
ihm alle Freiheit, sich zu vertheidigen, gewährt worden,
beschränkte seine Vertheidigung sich darauf, daß er läug=
nete der nichtswürdigen Republik freiwillig gedient zu ha=
ben, und daß er versicherte, er habe es nur gezwungen ge=
than und weil man ihm geradezu gedroht, ihn erschießen
zu lassen.

„Ich richtete hierauf noch andere Fragen an ihn, und
in Beantwortung derselben konnte er nicht läugnen, daß er

zu Gunsten der sich so nennenden Republik gegen die Armeen Sr. Majestät gekämpft. Auch gestand er, den Angriff der Kanonenboote, welche sich dem Einzuge der königlichen Truppen in Neapel widersetzten, geleitet zu haben. Gleichzeitig erklärte er jedoch, er habe nicht gewußt, daß diese Truppen von dem Cardinal angeführt worden, sondern dieselben einfach als Insurgentenbanden betrachtet. Uebrigens gestand er, schriftliche Befehle zu dem Zweck ertheilt zu haben, den Marsch der königlichen Armee aufzuhalten.

„Als er endlich befragt ward, warum er, da er gegen seinen Willen gedient, nicht versucht habe, nach Procida zu flüchten, was für ihn gleichzeitig ein Mittel gewesen wäre, sich wieder der legitimen Regierung anzuschließen und sich der Rebellenregierung zu entziehen, antwortete er, er habe von diesem Mittel deshalb keinen Gebrauch gemacht, weil er gefürchtet habe, schlecht empfangen zu werden.

„Nachdem das Kriegsgericht über alle diese verschiedenen Punkte Aufklärung erlangt, verurtheilte es Francesco Caracciolo mit Stimmenmehrheit nicht blos zum Tode, sondern auch zu einem schimpflichen Tode. Dieser Urtheilsspruch ward Mylord Nelson vorgelegt, welcher die Verurtheilung billigte und befahl, daß sie fünf Uhr Nachmittags in der Weise zur Vollstreckung komme, daß der Verurtheilte an das große Raa aufgeknüpft, bis zum Sonnenuntergang hängen gelassen, dann abgeschnitten und ins Meer geworfen werde.

„Heute Mittag empfing ich diesen Befehl. Um halb zwei Uhr ward der Verurtheilte an Bord der „Minerva" transportirt, dem Caplan zur Vorbereitung auf den Tod übergeben und dann um fünf Uhr Abends das Urtheil dem erlassenen Befehle gemäß an ihm vollstreckt.

»Ich beeile mich, meiner Pflicht gemäß, Ihnen hiervon Mittheilung zu machen und habe mit der tiefen Verehrung, die ich Ihnen stets gewidmet, die Ehre zu sein Euer Eminenz gehorsamster Diener   Graf von Thurn.«

Ruffo las wie betäubt den letzten Satz zweimal. War diese Mittheilung wirklich die Erfüllung einer Pflicht oder einfach eine Beleidigung?

Jedenfalls war es eine Verhöhnung.

Ruffo sah eine Beleidigung darin.

In der That hatte er als Alterego des Königs, als Generalvicar allein im Königreiche beider Sicilien das Recht über Leben und Tod. Wie konnte es daher geschehen, daß dieser Eindringling, dieser Fremdling, dieser Engländer im Hafen von Neapel, unter seinen Augen, ohne Zweifel, um ihn zu verhöhnen und ihm Trotz zu bieten — nachdem er die Capitulation zerrissen, nachdem er mit Hilfe einer eines rechtschaffenen Soldaten unwürdigen Doppelzüngigkeit die Tartanen, in welchen sich die Gefangenen befanden, unter das Feuer der Schiffe führen lassen — einen neapolitanischen Fürsten, der an Geburt über ihm, an Würde ihm gleichstand, zum Tode und zwar zu einem schimpflichen Tode verurtheilte?

Wer hatte diesem improvisirten Richter dergleichen Vollmachten ertheilt? Auf jeden Fall, wenn diese Vollmachten einem Andern ertheilt worden waren so waren die des Cardinals null und nichtig.

Allerdings waren in Ischia ebenfalls Galgen errichtet worden, mit den Inseln aber hatte er, Ruffo, nichts zu thun.

Die Inseln waren nicht wie Neapel von ihm, sondern von den Engländern wiedererobert worden.

Ferner bestand mit den Inseln kein Tractat. Ueberdies war Speciale, der Henker von Procida, ein von dem König gesendeter und beauftragter ficilischer Richter, welcher folglich im Namen des Königs gesetzmäßig verurtheilte.

Nelson aber, der Unterthan Seiner großbritannischen Majestät Georgs des Dritten, wie konnte dieser im Namen Seiner ficilischen Majestät Ferdinands des Ersten Todesurtheile vollstrecken lassen?

Ruffo ließ den Kopf in die Hand finken. Einen Augenblick lang wirbelte und strudelte Alles, was wir soeben gesagt, in seinem Hirn; dann endlich war sein Entschluß gefaßt. Er ergriff eine Feder und schrieb an den König folgenden Brief:

„An Se. Majestät den König beider Sicilien.

„Sire!

„Das Werk der Wiedereinsetzung Ew. Majestät ist vollendet und ich preise den Herrn dafür.

„Dieses Werk ist aber nur mit vieler Mühe und großer Anstrengung zu Stande gebracht worden.

„Der Grund, welcher mich bewog, das Kreuz in die eine und den Degen in die andere Hand zu nehmen, ist nicht mehr vorhanden.

„Ich kann daher, oder vielmehr ich muß, wieder in jenes Dunkel zurückkehren, aus welchem ich nur mit der Ueberzeugung hervorgetreten bin, den Absichten Gottes zu dienen, und in der Hoffnung, meinem König nützlich zu sein.

„Uebrigens macht die Erschöpfung meiner physischen und geistigen Kräfte mir dies zum Bedürfniß, selbst wenn mein Gewissen mir es nicht zur Pflicht machen würde.

„Ich habe daher die Ehre, Euer Majestät zu bitten, meine Entlassung anzunehmen zu geruhen.

„Ich habe die Ehre mit der tiefsten Ehrerbietung zu sein Ew. Majestät ꝛc. ꝛc.

„F. Cardinal Ruffo.“

Kaum war dieser Brief durch einen sichern Boten, welcher ermächtigt war, im Nothfalle das erste beste Boot zu requiriren, um sich nach Sicilien übersetzen zu lassen, nach Palermo abgesendet, als der Cardinal Nachricht von der Veröffentlichung der Note Nelson's erhielt, einer Bekanntmachung, in welcher der englische Admiral den Republikanern der Stadt vierundzwanzig und denen in der Umgegend der Hauptstadt achtundvierzig Stunden Frist bewilligte, um ihre Unterwerfung unter den König Ferdinand zu erklären.

Beim ersten Blick, den der Cardinal auf diese Bekanntmachung warf, erkannte er die, welche er sich Nelson gegenüber geweigert drucken zu lassen. Dieses Schriftstück trug, wie Alles, was aus der Feder des englischen Admirals floß, den Stempel der Gewaltthätigkeit und Brutalität.

Als der Cardinal diese Note las und sah, welche Machtvollkommenheit Nelson sich anmaßte, wünschte er sich um so mehr Glück dazu, seine Entlassung eingereicht zu haben.

Am 3. Juli empfing er jedoch von der Königin folgenden Brief, welcher ihm meldete, daß seine Entlassung abgelehnt sei.

„Ich habe, Eminenz, Ihren Brief vom 29. Juni

empfangen und mit dem größten Interesse und der gespanntesten Aufmerksamkeit gelesen. Alles, was ich Ihnen über die Gefühle von Dankbarkeit, wovon mein Herz gegen Sie stets erfüllt sein wird, sagen könnte, würde immer noch weit hinter der Wahrheit zurückbleiben. Das, was Sie, Eminenz, mir sodann in Bezug auf Ihre Entlassung und Ihren Wunsch nach Ruhe sagen, weiß ich ebenfalls vollkommen zu würdigen. Mehr als irgend Jemand weiß ich, ein wie wünschenswerthes Gut die Ruhe ist und wie kostbar diese Ruhe wird, nachdem man unter den Aufregungen und den Beweisen von Undankbarkeit gelebt hat, die das Gute, welches man thut, leider nur zu oft im Gefolge hat.

»Sie, Eminenz, fühlen das Bedürfniß dieser Ruhe erst seit einigen Monaten, denken Sie sich daher, wie weit ermüdeter ich sein muß, die ich diesen Wunsch schon seit zweiundzwanzig Jahren hege! Nein, was Sie auch sagen mögen, Eminenz, so kann ich nicht zugeben, daß Sie an Schwäche des Geistes oder des Körpers leiden, denn wie groß auch Ihr Widerwille gegen die Geschäfte sein möge, so beweisen doch die bewunderungswürdigen Thaten, welche Sie vollbracht, und die Reihe von Briefen, welche Sie mit so viel Scharfsinn und Talent an mich geschrieben, im Gegentheil die ganze Kraft Ihrer Fähigkeiten.

»Meine Pflicht ist daher, Eminenz, Ihre in einem Augenblick der Ermüdung gegebene verhängnißvolle Entlassung nicht anzunehmen, sondern im Gegentheile Ihren Eifer, Ihre Intelligenz, Ihren Muth anzuspornen, damit Sie das von Ihnen so glorreich unternommene Werk auch beenden und befestigen, und fortfahren die Ordnung in Neapel auf einer so sichern und so festen Basis herzustellen, daß aus dem furchtbaren Unglück, welches uns zugestoßen, ein Segen für die Zukunft hervorgehe, was ich aber nur von Ihrem thätigen Genie, Eminenz, erwarten kann.

»Der König geht morgen mit der geringen Anzahl von Truppen ab, welche er im Stande gewesen ist zusammenzubringen. Mündlich werden viele Dinge aufgeklärt werden, welche schriftlich dunkel blieben.

»Was mich betrifft, so thut es mir unendlich leid, den König nicht begleiten zu können. Welche Freude wäre es für mich gewesen, seinen Einzug in Neapel zu sehen. Den Beifallsjubel des ihm treugebliebenen Theils seines Volkes zu hören, wäre ein wohlthätiger Balsam für mein Herz, und würde den Schmerz für die grausame Wunde lindern, deren Heilung niemals geschehen kann.

»Tausend Rücksichten haben mich aber zurückgehalten, und ich bleibe hier, weinend und bittend, damit Gott den König bei diesem großen Unternehmen erleuchte und stärke. Viele von denen, welche den König begleiten, werden ihm in meinem Namen meine aufrichtige und tiefe Dankbarkeit, ebenso wie meine aufrichtige Bewunderung der ganzen wunderbaren Operationen, welche Sie ausgeführt, zu erkennen geben.

»Dennoch aber bin ich zu aufrichtig, um Ihnen, Eminenz, nicht zu sagen, daß diese Capitulation mit den Rebellen mir in hohem Grade mißfallen hat, besonders nach dem, was ich Ihnen geschrieben und was ich Ihnen gesagt hatte. Ich schweige deshalb darüber, eben weil meine Aufrichtigkeit mir nicht erlaubt, Ihnen Complimente darüber zu machen. Jetzt jedoch ist Alles zum Besten beendet, und wie ich Ihnen schon gesagt, Eminenz, mündlich wird sich

Alles erklären und, wie ich hoffe, einen guten Abschluß finden, da ja Alles zum Wohle und zum größern Ruhm des Staates geschehen ist.

»Jetzt, wo Sie, Eminenz, etwas weniger Arbeit haben, werde ich wagen Sie zu bitten, mich regelmäßig von allen vorkommenden wichtigeren Dingen zu unterrichten, und Sie können darauf rechnen, daß ich Ihnen stets meine aufrichtige Meinung sagen werde. Ein einziger Umstand betrübt mich und zwar der, daß ich Sie nicht mündlich der tiefen und ewigen Dankbarkeit und Achtung versichern kann, womit ich bin Ihre aufrichtige Freundin   Caroline.«

Nach dem, was wir unseren Lesern durch die vorstehenden Einzelheiten, durch die Briefe des königlichen Ehepaares, welche man schon früher, und durch die der Königin, welche man soeben gelesen, dargethan haben, ist es leicht zu sehen, daß der Cardinal Ruffo, welchem wir uns gedrungen fühlen Gerechtigkeit widerfahren zu lassen, bei jener furchtbaren Reaction von 1799 der Sündenbock des Königthums gewesen ist. Der Romanschreiber hat schon einige der Irrthümer der Historiker verbessert — eigennützige und vorsätzliche Irrthümer von Seiten der royalistischen Schriftsteller, welche den Cardinal in den Augen der Nachwelt für die Metzeleien verantwortlich machen wollen, welche auf Anstiften eines herzlosen Königs und einer rachsüchtigen Königin verübt wurden; — unschuldige Irrthümer von Seiten patriotischer Schriftsteller, welche, da sie nicht die Documente besaßen, die nur der Sturz eines Thrones in die Hände eines unparteiischen Schriftstellers bringen kann, nicht gewagt haben, gegen zwei gekrönte Häupter eine so furchtbare Anklage auszusprechen, weshalb

sie bemüht gewesen sind, ihnen nicht blos einen Mitschul=
digen, sondern auch einen Anstifter zu suchen.

Jetzt nehmen wir unsere Erzählung wieder auf. Wir
sind nicht blos noch nicht am Ende, sondern auch kaum erst
am Anfange der Schmach und des Blutes.

Dreizehntes Capitel.

Was den Oberst Mejean abhielt, in der Nacht vom 27. zum 28. Juni mit Salvato das Castell San Elmo zu verlassen.

Man erinnert sich, daß Salvato und Luisa, weil sie,
nicht zu Ruffo's Wort, wohl aber zu Nelson's Zustim=
mung wenig Vertrauen hegten, ein Asyl im Castell San
Elmo gesucht hatten, und ebensowenig hat man vergessen,
daß dieses Asyl von dem Geschäftsmann Mejean gegen eine
Summe von zwanzigtausend Francs à Person bewilligt
worden.

Salvato hatte, wie man sich ebenfalls erinnert, auf
einer raschen Reise, die er nach Molisa gemacht, eine
Summe von zweihunderttausend Francs zusammengebracht.

Von dieser Summe waren ziemlich fünfzigtausend
Francs für Organisation seiner calabresischen Freiwilligen,
für die Ausgaben, welche die Bedürfnisse der Aermsten
nöthig gemacht, für Unterstützung von Verwundeten und
für Geschenke an Untergebene, welche ihnen während ihres
Aufenthalts im Castello Nuovo verschiedene Dienste gelei=
stet, daraufgegangen.

Einhundertundfünfundzwanzigtausend Francs waren,

wie Salvato seinem Vater geschrieben, in einer Cassette am
Fuße von Virgil's Lorbeerbaum nicht weit von der Grotte
von Pozzuolo vergraben worden.

In dem Augenblick, wo Salvato sich von Michele,
welcher das Loos seiner Cameraden getheilt und sich an
Bord der Tartanen eingeschifft, trennte, hatte er ihn,
damit er nicht im Auslande ganz mittellos dastünde, be-
wogen, eine Summe von dreitausend Francs anzunehmen.

Es blieb Salvato daher in dem Augenblick, wo er
sich in das Castell San Elmo flüchtete, eine Summe von
zwei- bis dreiundzwanzigtausend Francs. Das Erste, was
er in dem Augenblick, wo er für den Preis von vierzigtausend Francs die zwischen dem Commandanten des Castells San Elmo und ihm verabredete Gastfreundschaft in
Anspruch nahm, that, war, daß er dem Oberst Mejean
die Hälfte der festgestellten Summe, das heißt zwanzigtausend Francs, zahlte und ihm zugleich den Rest für die
nächstfolgende Nacht versprach.

Der Oberst Mejean zählte die zwanzigtausend Francs
mit der größten Genauigkeit und führte, nachdem er die
Summe richtig gefunden und in das Schubfach seines
Bureaus verschlossen, Salvato und Luisa in die beiden
besten Zimmer des Castells.

Als der Abend kam, meldete Salvato dem Oberst
Mejean, daß er einen nächtlichen Gang thun müsse. Deshalb bat er ihn, ihm die Parole zu geben, damit er, nachdem er diesen Gang verrichtet, wieder Einlaß in das Castell erhielte.

Mejean antwortete, Salvato müsse besser als Jemand die Strenge der militärischen Vorschriften kennen.

Es sei ihm unmöglich, irgend Jemanden, sei es wer da wolle, eine Parole anzuvertrauen, welche, wenn sie von einem verrätherischen Ohr erlauscht würde, die Sicherheit des Castells gefährden könne.

Der er jedoch errieth, weshalb Salvato das Castell auf kurze Zeit zu verlassen wünschte, so fügte er hinzu, er könne Salvato von einem seiner Officiere begleiten lassen, oder, wenn seine Gesellschaft ihm lieber wäre, ihn selbst begleiten.

Salvato antwortete, die Gesellschaft des Oberst Mejean wäre ihm angenehmer als sonst etwas, und wenn der Oberst sonst keine Abhaltung hätte, so könnte dieser Ausgang noch in derselben Nacht stattfinden.

Dies war aber unmöglich, da dem Oberstlieutenant, dem für diesen Fall das Commando des Castells anvertraut werden mußte, erst im Laufe des drittnächsten Tages zurückkehren sollte.

Der Oberst setzte übrigens sehr galant hinzu, wenn es sich um Bezahlung der noch restirenden zwanzigtausend Francs handle, so könne er, da er ein lebendiges Pfand in den Händen habe und die Hälfte der verabredeten Summe bereits bezahlt sei, recht wohl einige Tage warten.

Salvato antwortete, kurze Rechnung mache lange Freundschaft, und je eher er dem Obersten die noch schuldigen zwanzigtausend Francs zahlen könne, desto besser werde es für beide sein.

Die Wahrheit war, daß der Oberst Mejean die nächstfolgende Nacht zu einer persönlichen Unterhandlung bestimmt hatte.

Er wollte bei dem Cardinal Ruffo eine zweite Eröff-

nung anfuchen und hatte ihn demzufolge um ficheres Geleit
für einen feiner Officiere erfucht, den er mit neuen Vor-
fchlägen wegen Uebergabe des Caftells beauftragt.

Diefer Officier war er felbft.

Man wird uns nicht befchuldigen, daß wir unfere
Landsleute fchonen. Es finden fich von dem Commiffär
Faypoult bis zum Oberft Mejean in diefer ganzen Angelegenheit der Eroberung von Neapel einige Elende, wie die
den Armeen folgenden Bureaux deren ftets aufzuweifen haben, und eben fo wie wir die gerühmt, welche Anfpruch auf
Ruhm haben, müffen wir auch die Schande derer aufdecken,
welche auf weiter nichts ein Recht haben, als eben auf
Schande.

Die Pflicht des Cardinals Ruffo war, alle Eröffnun-
gen entgegen zu nehmen. welche den Zweck hatten, das
Blutvergießen zu mindern. Er fchickte daher zu der ge-
wünfchten Stunde, nämlich um zehn Uhr Abends, den
Marquis Malaspina, Träger des freien Geleites, und gab
ihm eine Escorte von zehn Mann.

Der Oberft Mejean legte Civilkleider an, ertheilte
fich felbft Vollmacht zum Unterhandeln und folgte, indem
er fich für den Secretär des Commandanten des Caftells
ausgab, dem Marquis Malaspina und feinen zehn Mann.

Um elf Uhr langte der vorgebliche Secretär im Haufe
des Cardinals an und ward fofort bei Seiner Eminenz ein-
geführt.

Diefe Unterredung — wir fehen uns durch die ver-
fchiedenen Verzweigungen der zahlreichen Epifoden unferer
Gefchichte genöthigt. einige Schritte zurückzuthun — fand
in der Nacht vom 27. zum 28. Juni ftatt, ehe noch der

Cardinal den Wortbruch des Admirals Nelson kannte, und als er im Laufe des Tages von den Capitänen Truebridge und Ball die Versicherung erhalten hatte, der Admiral werde sich der Einschiffung der Patrioten nicht widersetzen, weshalb er noch an die treue Beobachtung der Verträge glaubte.

Der Oberst Mejean hatte, wie wir erzählt, bereits einen ersten Versuch bei dem Cardinal gemacht, einen Versuch, der durch die einfache Antwort zurückgewiesen worden war: »Ich führe Krieg mit Eisen, aber nicht mit Gold.«

Der Cardinal Russo, welcher schon gegen Mejean eingenommen war, empfing daher seinen Secretär oder vielmehr, ohne es zu ahnen, ihn selbst, mit eben nicht freundlicher Miene.

»Nun, mein Herr,« sagte er, »sind Sie beauftragt, mir mündlich, ich will nicht sagen vernünftigere, aber doch wenigstens militärischere Vorschläge zu machen, als die man mir früher schriftlich gemacht hat und auf welche Sie ohne Zweifel meine Antwort kennen?«

Mejean biß sich auf die Unterlippe.

»Meine Vorschläge, das heißt die des Oberst Mejean, welchen ich die Ehre habe bei Ihnen, Eminenz, zu vertreten,« sagte er, »haben zwei Seiten: eine specifische, mit welcher die Humanität mir befiehlt zu beginnen, und eine militärische, auf welche der Oberst nur im äußersten Nothfalle zurückkommen wird, auf die er aber zurückkommen muß, wenn Sie ihn dazu zwingen, Eminenz.«

»Ich höre, mein Herr.«

»Meine Cameraden oder vielmehr die Cameraden des Oberst Mejean, der Commandant Massa und der

Commandant Aurora, haben unterhandelt und Bedingungen
zugestanden erhalten, mit welchen Rebellen nur zufrieden
sein können. Nicht so aber ist es mit dem Oberst Mejean.
Dieser ist kein Rebell, sondern ein Feind und zwar ein
mächtiger Feind, weil er Frankreich repräsentirt. Wenn
er unterhandelt, so hat er daher ein Recht auf eine bessere
Capitulation als die der Herren Aurora und Massa."

„Dies ist nur zu richtig," antwortete der Cardinal,
„und die Capitulation, welche ich biete, ist folgende: Die
Franzosen verlassen das Castell San Elmo mit klingendem
Spiel, brennender Lunte, kurz mit allen Kriegsehren, und
begeben sich zu ihren noch in Capua und Gaëte garnisoni-
renden Landsleuten ohne irgend eine Verbindlichkeit, welche
ihren freien Willen beschränkt."

„Ich sehe aber hierin keinen erheblichen Unterschied zwischen dem von Ew. Eminenz mit den Commandanten Massa und
Aurora abgeschlossenen Vertrag. Diese zogen ebenfalls mit
klingendem Spiel und brennenden Lunten ab und hatten
das Recht, in Neapel zu bleiben, oder sich nach Frankreich
zurückzuziehen."

„Ja, aber am Strande, ehe sie sich einschifften, legten
sie die Waffen nieder."

„Dies war, wie Sie selbst zugeben werden, Eminenz,
eine bloße Formalität. Was sollten rebellische Bürger,
welche in die Verbannung gehen oder daheim bleiben, mit
ihren Waffen machen?"

„Dann ist bei Ihnen, mein Herr — wenigstens scheint
mir dies so — die Frage des militärischen Stolzes eine
ganz unbedeutende Nebenfrage."

„Es ist dies die Frage, womit man Fanatiker und

Narren am Gängelbande führt. Intelligente Leute — und Sie werden es mir nicht übelnehmen, Eminenz, wenn ich Sie zu dieser letzteren Kategorie rechne, — intelligente Leute sehen über diesen Dunst, den man die Eitelkeit nennt, hinweg."

„Und was sehen Sie, mein Herr, oder vielmehr was sieht der Commandant Mejean jenseits dieses Dunstes, welchen man die Eitelkeit nennt?"

„Er sieht ein Geschäft und zwar ein gutes Geschäft für Ew. Eminenz und sich selbst."

„Ein gutes Geschäft? Auf Geschäfte verstehe ich mich schlecht, mein Herr, dies sage ich Ihnen im Voraus. Doch gleichviel, erklären Sie sich näher."

„Von den drei Castellen sind zwei allerdings übergeben, das dritte aber ist sowohl in Folge seiner Lage als der Streitmacht, durch die es vertheidigt wird, beinahe uneinnehmbar, oder macht doch wenigstens eine lange Belagerung nothwendig. Wo sind Ihre Ingenieure, wo sind Ihre Geschütze von schwerem Caliber, wo ist Ihre Armee, um die Belagerung einer Citadelle, wie die ist, welche der Oberst Mejean commandirt, durchzuführen? Sie werden unterliegen, wenn Sie am Ziel zu stehen glauben, und diese Niederlage wird Ihnen das ganze Verdienst eines herrlichen Feldzugs rauben, während Sie mittelst einiger elenden hunderttausend Livres, welche, wenn Sie dieselben nicht haben, binnen zwei Stunden in Neapel aufbringen lassen könnten, dem Bauwerk der Restauration die Krone aufsetzen und zu dem König sagen können: „Sire, der General Mack verlor mit einer Armee von sechzigtausend Mann, mit hundert Kanonen, mit einem Schatz von zwanzig Millionen die römischen Staaten, Neapel, Calabrien, mit einem Worte das Königreich; ich dagegen habe mit einigen Bauern Alles, was der General Mack verloren hatte, wiedererobert. Allerdings hat es mir fünfhunderttausend oder eine Million Francs gekostet, das Castell San Elmo zu nehmen, aber was ist eine Million im Vergleich zu dem Schaden, den es thun konnte? Sie wissen ja, Sire, können Sie hinzufügen, besser als irgend Jemand, daß das Castell San Elmo nicht erbaut worden ist, um Neapel zu vertheidigen, sondern um es zu bedrohen, und der Beweis dafür ist, daß ein von Ihrem erhabenen Vater erlassenes Gesetz existirt, welches verbietet Häuser zu erbauen, welche eine gewisse Höhe überschreiten, weil sie in einer gewissen Höhe das Spiel der Kugeln und Haubitzen beeinträchtigen könnten. Würde nun aber Neapel bombardirt, so wäre dies nicht ein Verlust von fünfhunderttausend Francs oder einer Million, sondern ein unberechenbarer Verlust! — Wenn Sie Ihre Handlungsweise auf diese Art erklären, so werden Sie finden, daß der König ein viel zu verständiger Mann ist, als daß er Ihnen nicht Recht geben sollte.«

»Dann,« fragte der Cardinal, »gedenkt also der Oberst Mejean im Falle einer Belagerung des Castells die Stadt zu bombardiren?«

»Ja wohl, versteht sich.«

»Dies wäre aber eine zwecklose Schändlichkeit.«

»Ich bitte um Verzeihung, Eminenz, es würde sich hier blos um rechtmäßige Vertheidigung handeln. Man greift uns an, wir wehren uns.«

»Ja, aber wehren Sie sich nur nach der Richtung, von welcher aus man Sie angreift, und da man Sie von der der Stadt entgegengesetzten Richtung angreifen wird, so kön-

nen Sie sich doch nicht in der der Stadt zugekehrten
wehren.«

»Ja, aber wer kann wissen, wohin die Kugeln und
Bomben fliegen.«

»Sie fliegen dahin, wohin man Sie richtet, das ist
eine bekannte Sache.«

»Nun gut, dann wird man sie nach der Stadt
richten.«

»Entschuldigen Sie, mein Herr, wenn Sie anstatt
Civilkleidern eine Uniform trügen, so würden Sie wissen,
daß eines der ersten Kriegsgesetze den Belagerten verbietet,
auf die Häuser zu schießen, von welchen der Angriff nicht
herkommt. Da nun die Batterien, welche man gegen das
Fort San Elmo aufpflanzen wird, auf der der Stadt entgegengesetzten Seite sich befinden werden, so kann das
Feuer des Castells San Elmo, wenn man nicht alle Rücksichten, welche bei civilisirten Völkern Geltung haben, aus
den Augen setzen will, keine einzige Kugel, keine einzige
Haubitze und keine einzige Bombe nach der der Angriffs-
batterien entgegengesetzten Richtung schleudern. Beharren
Sie daher nicht auf einem Irrthum, den der Oberst Mejean, wenn ich die Ehre hätte mit ihm anstatt mit Ihnen
zu discutiren, sicherlich nicht begehen würde.«

»Wenn er ihn aber dennoch beginge und anstatt ihn
anzuerkennen dabei beharrte, was würden Sie dann sagen,
Eminenz?«

»Ich würde sagen, mein Herr, daß er, da er von den
von allen civilisirten Völkern anerkannten Gesetzen abweicht
— Gesetzen, welche Frankreich, das an der Spitze der
Civilisation zu stehen vorgibt, besser als irgend ein ande-

res Land kennen muß — darauf gefaßt sein muß, selbst
als Barbar behandelt zu werden. Da es nun keine unein-
nehmbare Festung gibt. und folglich auch das Castell San
Elmo früher oder später genommen werden würde, so
würde er dann mit seiner ganzen Mannschaft an den Thür-
men der Citadelle aufgeknüpft werden.«

„Zum Teufel, das wäre ein wenig stark, Monsignore,« sagte der angebliche Secretär mit erheuchelter Heiterkeit.

„Und dies ist noch nicht Alles,« sagte der Cardinal,
indem er sich erhob und sich mit den Händen auf den Tisch
stützend den Abgesandten unverwandt anschaute.

„Wie, es wäre dies noch nicht Alles? Es würde ihm,
nachdem er gehängt wäre, noch etwas passiren?«

„Nein, wohl aber vorher, mein Herr.«

„Und was wäre dies, Monsignore?«

„Der Cardinal Ruffo, welcher es seines Charakters
und Ranges unwürdig findet, die Interessen der Könige
und das Leben der Menschen noch länger mit einem Schurken dieser Art zu discutiren, würde ihn auffordern, sein
Haus zu verlassen, und wenn er nicht augenblicklich gehorchte, ihn zum Fenster hinauswerfen lassen.«

Der Abgesandte stußte.

„Aber,« fuhr Ruffo, indem er seine Stimme bis zur
Courtoisie und sein Gesicht bis zum Lächeln milderte, hinzu,
„da Sie nicht der Commandant des Castells San Elmo,
sondern blos der Abgesandte desselben sind, so werde ich
mich damit begnügen, daß ich Sie, mein Herr, bitte, ihm
Wort für Wort die Conversation, die wir so eben mit
einander gehabt, mitzutheilen, und ihm auf das Bestimmteste

zu versichern, daß jede neue Unterhandlung, die er in
Zukunft mit mir vielleicht versuchen wollte, eben so erfolg-
los bleiben würde wie die zeitherigen."

Mit diesen Worten verneigte sich der Cardinal und
zeigte mit halb artiger, halb gebieterischer Geberde auf die
Thür, und der Oberst entfernte sich mehr mit dem Gefühle
der Wuth, seine Speculation abermals fehlgeschlagen zu
sehen, als der Demüthigung und Scham über den ihm zugefügten Schimpf.

Vierzehntes Capitel.

Worin bewiesen wird, daß Bruder Joseph über Salvato wachte.

Am Morgen des 27. hatten Salvato und Luisa das
Castello Nuovo verlassen, um sich nach dem Fort San
Elmo zu begeben, und an demselben Tage sollten die Castelle den Engländern übergeben und die Patrioten eingeschifft werden.

Von der Höhe der Wälle herab konnten Salvato und
Luisa sehen, wie die Engländer die Forts in Besitz nahmen, und wie die Patrioten in die Tartanen stiegen.

Obgleich Alles gesetzmäßig und den Bedingungen des
Vertrages gemäß zu geschehen schien, so zweifelte Salvato
doch noch immer an der vollständigen Ausführung desselben.

Wahr ist es, daß den ganzen Tag über und auch am
Abende des 27. der Wind aus Westen geweht hatte, so
daß die Tartanen nicht absegeln konnten.

In der Nacht vom 27. zum 28. aber war der Wind nach

Nordnordwest umgesprungen, und folglich äußerst günstig
für die Abfahrt, aber doch rührten sich die Tartanen nicht
von der Stelle.

Salvato, auf dessen Arm Luisa sich stützte, sah unruhig vom Walle auf die Schiffe herab, als der Oberst
Mejean zu ihm trat, und ihm sagte, daß der Oberstlieutenant gegen seine Erwartung vierundzwanzig Stunden früher im Fort eintreffen würde, als er gedacht, und daher
ihn nichts abhalte, ihn auf dem Gange zu begleiten, den er
nächste Nacht zu machen gedachte.

So war man über die Sache einig.

Der Tag ward mit Vermuthungen hingebracht. Immer noch blieb der Wind günstig, und immer noch sah
Salvato nicht, daß man sich zur Abreise vorbereite. Er war
der Ueberzeugung, daß eine Katastrophe im Entstehen be-
griffen sei.

Von dem hochgelegenen Punkte aus, wo sich Salvato
befand, konnte er den ganzen Golf überschauen, und mit
Hülfe eines Fernglases Alles sehen, was auf den Tartanen
und selbst auf den Kriegsschiffen vorging.

Gegen fünf Uhr stieß eine Barke, in welcher ein Officier und mehrere Matrosen saßen, vom „Donnerer" ab,
und steuerte auf eine der Tartanen zu.

Auf der Tartane, welcher sich die Barke genähert,
entstand große Bewegung. Man brachte zwölf Personen
aus der Tartane, welche in die Barke stiegen, diese lenkte
um, und ruderte wieder nach dem „Donnerer". Die zwölf
Patrioten stiegen auf das Deck und verschwanden bald im
Raume des Schiffes, um nicht wieder zum Vorscheine zu
kommen.

Diese Thatsache, welche Salvato sich vergebens zu erklären suchte, gab ihm viel Stoff zum Nachdenken.

Die Nacht kam. Luisa war wegen des Ausfluges, den Mejean unternehmen sollte, in Unruhe. Salvato erklärte ihr die Ursache, indem er ihr den Handel mittheilte, den er mit Mejean geschlossen, und durch welchen er ihre gemeinsame Rettung erkauft hatte.

Luisa drückte Salvato die Hand.

»Im Falle der Noth vergiß nicht,« sagte sie, »daß ich ein ganzes Vermögen bei den armen Backers stehen habe.«

»Wäre es aber nicht besser, wenn wir dieses Vermögen, welches Dir nicht ausschließlich gehört, nicht eher als im äußersten Nothfalle angriffen?« sagte Salvato lächelnd.

Luisa machte eine bejahende Geberde.

Eine Stunde vor der Entfernung aus dem Fort, das heißt gegen elf Uhr, besprach man, ob man sich nach dem Grabe Virgil's, welches eine Viertelstunde vom Fort San Elmo entfernt war, mit einer kleinen Escorte begeben sollte, so daß es aussähe, als ob man eine Patrouille machte, oder ob Salvato und Mejean allein und in Verkleidung gehen sollten.

Man entschied sich für das Letztere und verschaffte sich zwei Bauernanzüge. Es ward ausgemacht, daß, wenn man unerwartet Jemanden begegnete, Salvato das Wort führen sollte. Er sprach nämlich den neapolitanischen Dialekt so gut, daß es unmöglich war, ihn zu erkennen.

Der Eine nahm eine Hacke, der Andere einen Spaten, und zu Mitternacht begaben sich Beide anf den Weg. Man konnte denken, es seien zwei Arbeiter, welche von der Arbeit kämen und nach Hause wanderten.

Ohne ganz dunkel zu sein, war der Himmel doch mit Wolken bedeckt, so daß der Mond von Zeit zu Zeit hinter den Dunstmassen verschwand, deren Finsterniß er nur mit Mühe durchdrang.

Mejean und Salvato gingen zu einem Pförtchen hinaus, welches dem Dorf Antiguano gegenüber lag, dann schlugen sie einen schmalen, zur linken Hand liegenden Fußsteig ein, welcher sie nach Pietra-Catella führte, von da begaben sie sich kühn in den Vomero, bogen in ein Gäßchen ein, durch welches sie aus dem Dorfe gelangten, ließen die Carone-del-Cielo links liegen, und auf dem schmalen Fußstrig, welcher nach dem Abhang des Pausilippo führt, erreichten sie das Columbarinm, welches man dem Fremden gewöhnlich als das Grab Virgil's nennt.

„Es ist unnöthig, mein lieber Oberst,« sagte Salvato, „Ihnen erst zu sagen, was wir hier suchen wollen.«

„Ja wohl, ich glaube einen vergrabenen Schatz.«

„Sie haben richtig gerathen. Nur ist es nicht der Mühe werth, daß man der Summe den Namen eines Schatzes gibt. Seien Sie indessen ruhig,« fuhr Salvato lächend fort, „sie reicht hin, um mich bei Ihnen abfinden zu können.«

Salvato schritt nach dem Lorbeerbaum, und begann mit seiner Hacke den Boden aufzuwühlen.

Mejean folgte ihm mit gierigen Blicken.

Nach fünf Minuten stieß das Eisen der Hacke auf einen harten Körper.

»Ah! ah!« rief Mejean, welcher dem Vorgang mit einer Aufmerksamkeit folgte, welche an Angst grenzte.

»Haben Sie nicht erzählen hören, Oberst,« sagte Salvato lächelnd, »daß die Manen der Götter die natürlichen Wächter aller Schätze waren?«

»Allerdings,« erwiederte Mejean, »nur glaube ich nicht immer Alles, was man mir erzählt.... Aber still! Hören Sie kein Geräusch?«

Beide horchten.

»Es ist ein Karren, welcher in die Grotte von Pozzuolo rollt,« erwiederte Salvato nach einigen Secunden.

Dann kniete er nieder und entfernte die Erde mit den Händen.

»Das ist seltsam!« sagte er. »Es scheint mir, als ob die Erde kürzlich frisch aufgeschaufelt worden wäre.«

»Freund, treiben Sie doch keinen schlechten Scherz!« rief Mejean.

»Ich treibe keinen Scherz,« sagte Salvato, indem er das Kästchen aus der Erde zog, »das Kästchen ist leer.«

Und er schauderte unwillkürlich. Er kannte Mejean zu gut, um nicht zu wissen, daß dieser ihm keine Gnade widerfahren lassen würde, und dann wollte er ihn auch gar nicht darum anflehen.

»Es ist sonderbar,« bemerkte Mejean, »daß man das Gold genommen und das Kästchen dagelassen hat. Schütteln Sie es doch einmal, vielleicht hören wir etwas klirren.«

»Das ist unnöthig! Ich fühle ja am Gewicht, daß das Kästchen leer ist. Wir wollen aber in das Columbarium gehen und es öffnen.«

»Sie haben wohl den Schlüssel dazu?«

„Es öffnet sich auf einen geheimen Druck."

So begab man sich denn in das Columbarium. Mejean zog eine kleine Blendlaterne aus der Tasche, schlug
Feuer und zündete Licht an.

Salvato drückte auf die Feder des Kästchens, welches
sich öffnete.

Es war in der That leer, aber anstatt des Geldes
lag ein Billet darin.

Salvato und Mejean riefen bei dem Anblick desselben
wie aus einem Munde:

„Ein Billet!"

„Ich verstehe," sagte Salvato.

„Nun wohl, ist das Gold wiedergefunden?" fragte
der Oberst begierig.

„Nein, es ist aber auch nicht verloren," erwiederte der
junge Mann.

Er öffnete das Billet und las beim Scheine der Blendlaterne:

„Deinem Wunsche Folge leistend, bin ich in der Nacht
vom 27. zum 28. hiehergegangen, um das Gold zu holen,
welches sich in dem Kästchen befand. Letzteres habe ich
wieder an diesem Orte vergraben, nachdem ich dieses Billet
hineingelegt.   Bruder Joseph."

„In der Nacht vom 27. zum 28.!" rief Mejean.

„Ja, so daß wir, wenn wir vorige statt heutige Nacht
uns hieherbegeben hätten, gerade zur rechten Zeit gekommen wären."

„Sie wollen doch hiermit nicht sagen, daß dies meine
Schuld sei?" fragte Mejean lebhaft.

»Nein, denn das Uebel ist gar nicht so schlimm, wie Sie denken, ja vielleicht gar kein Uebel.«

»Sie kennen wohl diesen Bruder Joseph?«

»Ja.«

»Sind Sie seiner sicher?«

»Noch etwas mehr als meiner selbst.«

»Und Sie wissen, wo Sie ihn finden können?«

»Ich werde ihn nicht einmal suchen.«

»Was machen wir denn dann?«

»Nun, es bleibt bei unserer Verabredung.«

»Und die zwanzigtausend Francs?«

»Wir werden sie anders wo hernehmen als da, wo wir sie zu finden glaubten, das ist Alles.«

»Wann denn?«

»Morgen.«

»Sind Sie Ihrer Sache gewiß?«

»Ich hoffe es.«

»Und wenn Sie sich nun täuschten?«

»Dann werde ich zu Ihnen dasselbe sagen wie die Anhänger des Propheten: Gott ist groß!«

Mejean fuhr sich mit der Hand über die feuchte Stirn.

Salvato bemerkte die Todesangst des Obersten, er, dessen Heiterkeit kaum einen Augenblick getrübt worden war.

»Und jetzt,« sagte er, »müssen wir dieses Kästchen wieder an seinen Ort stellen, und uns in das Castell zurückbegeben.«

»Mit leeren Händen?« fragte der Oberst kläglich.

»Ich kehre nicht mit leeren Händen zurück, weil ich dieses Billet bei mir habe.«

»Welche Summe befand sich denn in dem Kästchen?« fragte Mejean.

»Hundertfünfundzwanzigtausend Francs,« erwiederte Salvato, indem er das Kästchen wieder an seinen Ort stellte und mit den Füßen Erde daraufschob.

»Dieses Billet gilt Ihnen wohl eben so viel wie hundertfünfundzwanzigtausend Francs?«

»Es gilt mir so viel, wie einem Sohne die Gewißheit gilt, von seinem Vater geliebt zu sein. Wir wollen aber wieder, wie ich bereits sagte, in das Castell zurückkehren, mein lieber Oberst, und morgen Früh um zehn Uhr kommen Sie zu mir.«

»Wozu?«

»Um von Luisa einen Wechsel auf zwanzigtausend Francs in Empfang zu nehmen, welcher auf das erste Bankhaus von Neapel ausgestellt sein wird.«

»Sie glauben wohl, daß es jetzt in Neapel ein Bankhaus gibt, welches zwanzigtausend Francs auf Sicht zahlen wird?«

»Ich bin dessen gewiß.«

»Ich zweifle aber daran. Die Banquiers sind nicht so dumm Zahlungen zu leisten, wenn Revolution ist.«

»Sie werden sehen, daß jene dumm genug sein werden, selbst in Revolutionszeiten Zahlungen zu leisten, und zwar aus zwei Gründen. Erstens, weil es rechtschaffene Leute waren — «

»Und zweitens?«

»Weil sie todt sind.«

»Ah, ah, der Wechsel ist also auf Backers ausgestellt?«

»Ja wohl.«

»Dann ist es allerdings etwas Anderes.«

»So haben Sie also Vertrauen?«

»Ja.«

»Nun, das ist gut!«

Mejean löschte seine Laterne aus. Er hatte einen Banquier gefunden, welcher auch zu Zeiten einer Revolution einen Wechsel auf Sicht zahlte, und das war mehr, als Diogenes in Athen verlangte.

Salvato trat mit den Füßen die Erde fest, welche das Kästchen bedeckte. Im Falle sein Vater wieder kam, sah dieser an der Entfernung des Billets, daß Salvato dagewesen war.

Mejean und Salvato gingen auf demselben Wege zurück, auf dem sie gekommen, und erreichten das Castell San Elmo bei Tagesanbruch. Die Nächte im Juni sind, wie bekannt, die kürzesten des Jahres.

Luisa erwartete die Rückkehr Salvato's stehend und vollständig angekleidet, denn ihre Unruhe hatte ihr nicht gestattet sich niederzulegen.

Salvato erzählte ihr Alles, was geschehen war.

Luisa nahm Papier und schrieb eine Anweisung an das Haus Backer auf eine Summe von zwanzigtausend Francs, auf ihr Conto und auf Sicht zahlbar.

Dann reichte sie das Papier Salvato und sagte:

»Hier, mein Freund, trage das dem Obersten hin, der arme Mann wird gewiß besser schlafen, wenn er diesen Wechsel unter sein Kopfkissen legen kann. Ich weiß wohl,« fügte sie lachend hinzu, »daß ihm immer noch unsere Köpfe blieben, wenn er die zwanzigtausend Francs nicht erhalten sollte, aber ich zweifle, ob er beide zusammen, wenn sie einmal abgeschnitten wären, auf zwanzigtausend Francs taxirte.«

Luisa's Hoffnung ward getäuscht, ebenso wie es mit der Salvato's geschehen war. Der Richter Speciale war am Abend vorher von Procida angekommen, wo er sieben-unddreißig Menschen hatte hängen und im Namen des Königs das Haus Backer sequestriren lassen.

Seit dem vorigen Abend hatten daher die Zahlungen aufgehört.

Fünfzehntes Capitel.
Der Empfang des Königs.

Schon am 25. Juni, noch ehe er aus Ruffo's Munde selbst gehört, daß dieser sich von der Coalition trennte, hatte Nelson dem Obersten Mejean folgende Mittheilung geschickt:

»Mein Herr!

»Seine Eminenz der Cardinal Ruffo und der Ober-befehlshaber der russischen Armee haben Sie aufgefordert, sich zu ergeben, und ich benachrichtige Sie, daß, wenn die Frist, die man Ihnen bewilligt hat, seit zwei Stunden ab-gelaufen ist, Sie die Folgen davon zu tragen haben, und daß ich nichts mehr von dem bewilligen werde, was man Ihnen angeboten.

»Nelson.«

Während der Tage, welche dieser Aufforderung folg-ten, das heißt die Tage vom 26. zum 29., beschäftigte sich Nelson damit, daß er die Patrioten festnehmen, den Ver-rath des Pächters erkaufen, und Caracciolo aufhängen ließ, aber nachdem er dieses Werk der Schande vollendet, konnte er sich mit der Gefangennehmung derjenigen Patrioten, welche noch nicht in seinen Händen waren, und mit der Belagerung des Castells San Elmo beschäftigen.

Demnach ließ er Truebridge mit dreizehnhundert Engländern landen, während der Capitän Bailly mit fünfhundert Mann Russen zu ihm stieß.

Während der ersten sechs Tage ward Truebridge von seinem Freunde, dem Capitän Ball, unterstützt, da aber dieser nach Malta geschickt worden war, trat der Capitän Benjamin Hallowel an seine Stelle, derselbe, welcher Nelson einen Sarg zum Geschenk gemacht, den man aus dem Hauptmast des französischen Schiffes „der Orient“ geschnitzt hatte.

Was auch die italienischen Geschichtschreiber darüber sagen mögen, so ist nicht zu läugnen, daß Mejean, sobald er einmal unter seinen eigenen Mauern in die Enge getrieben worden, trotz dem daß er durch seine Unterhandlungen die nationale Ehre bloßgestellt hatte, dennoch die französische Ehre retten wollte.

Er vertheidigte sich tapfer, und der Bericht Nelson's an Lord Keith, welcher Erstere wußte, was Muth sagen will, ein Bericht, welcher mit den Worten beginnt: „Während eines hitzigen, achttägigen Kampfes, in welchem unsere Artillerie sich den Gräben um einhundert und achtzig Schritte genähert hat,“ legt ein glänzendes Beispiel dafür ab.

Während dieser acht Tage stand der Cardinal mit gekreuzten Armen unter seinem Zelte.

In der Nacht vom 8. zum 9. Juli signalisirte man zwei Schiffe, von denen man eines für ein englisches, das andere für ein neapolitanisches Schiff hielt, und welche beide westwärts von der englischen Flotte nach Procida segelten.

Am Morgen des 9. sah man nun wirklich zwei Schiffe im Hafen dieser Insel vor Anker liegen, und von dem einen, dem „Seahorse", wehte die englische Flagge, während das andere, „die Sirene," nicht nur die neapolitanische Flagge, sondern auch das königliche Banner aufgezogen hatte.

Am Morgen des 9. empfing der Cardinal vom Könige folgenden Brief, welcher, wenn er auch nicht von besonderer Wichtigkeit für unsere Erzählung ist, doch wenigstens beweisen wird, daß wir kein Document an uns haben vorübergehen lassen, ohne es gelesen und benutzt zu haben.

„Procida, den 9. Juli 1799.

„Eminentissime!

„Ich übersende Ihnen eine Menge Exemplare eines Briefes, welchen ich an meine Völker geschrieben habe. Machen Sie alle sogleich damit bekannt, und geben Sie mir durch Simonetti, mit welchem ich heute Morgen lange geplaudert habe, Rechenschaft über die Ausführung meiner Befehle. Sie werden wohl meine Bestimmung in Bezug auf die Beamten des Gerichtshofes verstehen.

„Gott möge Sie beschützen.

„Ihr wohlgeneigter
Ferdinand B."

Man erwartete den König von Tag zu Tag. Am 2. Juli hatte er Nelson's und Hamilton's Briefe erhalten, welche ihm den Tod Caracciolo's meldeten, und worin man ihn drängte, doch zu kommen.

An demselben Tage schrieb er dem Cardinal, dessen Entlassung er noch nicht empfangen.

»Palermo, den 2. Juli 1799.

»Eminentissime!

»Die Briefe, welche ich heute erhalten habe, und besonders der vom 20., haben mich wirklich getröstet, weil
ich daraus ersehen konnte, daß die Verhältnisse sich günstig
gestalten, so wie ich es wünsche, wie ich mir es in Voraus
vorgenommen, um die irdischen Angelegenheiten mit der
göttlichen Hilfe in Einklang zu bringen, und es Ihnen
möglich zu machen, mir besser dienen zu können.

»Morgen werde ich in Folge der Einladung von Admiral Nelson und von Ihnen, besonders aber um meinem
Worte Ehre zu machen, mit Bedeckung abreisen, um mich
nach Procida zu begeben, wo ich Sie wieder sehen und alle
zum allgemeinen Wohle, zur Sicherheit und dem Glücke
aller Unterthanen, welche mir treu geblieben sind, erforderlichen Maßnahmen treffen werde.

»Ich benachrichtige Sie hiervon im Voraus, indem ich
Ihnen versichere, daß Sie in mir stets finden werden

»Ihren wohlgeneigten

»Ferdinand B.«

Und wirklich schiffte sich der König am folgenden
Morgen, also am 3. Juli, ein, aber nicht auf dem »Seahorse«, wie Nelson ihn gebeten, sondern auf der Fregatte
»die Sirene«. Er fürchtete, wenn er den Engländern bei
seiner Rückkehr denselben Vorzug gäbe, wie bei seiner Abreise, den Haß der neapolitanischen Marine auf's Höchste
zu steigern, denn diese Marine war über die Verurtheilung
und den Tod Caracciolo's bereits sehr aufgebracht.

Wir haben gesagt, daß der König gleich nach seiner
Ankunft an den Cardinal geschrieben hatte, man kann aber

erkennen, daß trotz der Freundschaftsbetheuerungen in dem
Briefe, oder vielmehr gerade durch dieselben, sichtbare Kälte
zwischen diesen beiden berühmten Personen eingetreten ist.
Ferdinand hatte Acton und Castelcicala mit sich ge=
nommen. Die Königin hatte in Palermo bleiben wollen,
denn sie wußte, wie wenig beliebt sie in Neapel war, und
fürchtete durch ihre Gegenwart dem Triumphe des Königs
zu schaden.

Am 9. blieb der König den ganzen Tag in Procida,
hörte den Bericht Speciale's, und trotz seines Widerwillens
gegen Arbeit setzte er selber die Liste der Glieder der neuen
Staatsjunta auf, welche er einsetzen wollte, wie er auch die
Liste der Schuldigen schrieb, welche diese Junta zu verur=
theilen haben sollte.

Daß der König Ferdinand hierbei keine Mühe scheute,
ist nicht zu bezweifeln, denn wir haben diese doppelte Liste
in der Hand gehabt, aus dem Archive in Neapel nach Tu=
rin geschickt, und gesehen, daß sie nur von der Hand des
Königs geschrieben war.

Wir wollen zuerst die Liste der Henker unseren Lesern
vorlegen. Ehre dem Ehre gebührt. Dann werden wir die
der Opfer folgen lassen.

Die Staatsjunta, welche der König ernannt hatte,
war folgendermaßen zusammengesetzt:

Präsident: Felice Romani;

Fiscalprocurator: Guidobaldi;

Richter: die Räthe Antonio della Rocca, Don Angelo
di Fiore, Don Gaetano Sambuti, Don Vicenzo Speciale.

Vicerichter: Don Salvatore di Giovanni.

Procurator der Angeklagten: Don Alessandro Nara.

Vertheidiger der Angeklagten: die Räthe Vanvitelli und Mulus.

Die beiden Letzten waren, wie leicht zu begreifen ist, nur eine juristische Fiction.

Diese Staatsjunta ward beauftragt zu richten, das heißt unwiderruflich zu verurtheilen und zwar zum Tode: alle die, welche den Händen des Gouverneurs Ricciardo Brandi das Castell San Elmo entrissen hatten, wohlverstanden, mit Nicolino Caracciolo an der Spitze.

(Glücklicher Weise hatte Nicolino Caracciolo, welcher von Salvato beauftragt worden war, den Admiral Caracciolo zu retten, als er am Tage der Festnehmung desselben auf den Pachthof gekommen war, und den Verrath des Pächters erfahren hatte, keinen Augenblick verloren, sondern sich in's Freie geflüchtet, und unter den Schutz des französischen Commandanten von Capua, des Obersten Giraldon, gestellt.)

Alle die, welche den Franzosen beigestanden, daß sie in Neapel eindringen konnten;

alle die, welche die Waffen gegen die Lazzaroni ergriffen;

alle die, welche noch nach dem Waffenstillstand mit den Franzosen Verbindungen unterhalten;

alle Magistratspersonen der Republik;

alle Repräsentanten der Regierung;

alle Repräsentanten des Volkes;

alle Minister;

alle Generale;

alle Richter des Oberkriegsgerichtes;

alle Richter des Revolutionstribunals;

alle die, welche gegen die Truppen des Königs gekämpft;

alle die, welche das Denkmal Carls III. umgestürzt;

alle die, welche an Stelle dieses Denkmals den Baum der Freiheit gepflanzt;

alle die, welche auf dem Palaisplatze bei der Zerstörung der Sinnbilder des Königthums und der bourbonischen oder englischen Banner mitgeholfen, oder nur einfach zugesehen hatten;

und endlich alle die, welche sich in ihren Schriften oder Reden beleidigender Ausdrücke gegen den König, die Königin oder die Glieder der königlichen Familie bedient hatten.

Ungefähr vierzigtausend Einwohner wurden somit durch einen einzigen Befehl mit dem Tode bedroht.

Die milderen Bestimmungen, das heißt die, welche nichts als Verbannung forderten, bedrohten ungefähr sechzigtausend Menschen.

Es war dies mehr als das Viertel der Einwohner Neapels.

Diese Beschäftigung, welche dem Könige wichtiger als alle anderen erschien, nahm den ganzen Tag in Anspruch.

Am Morgen des 10. verließ die Fregatte „Sirene" den Hafen von Procida, und segelte auf den „Donnerer" zu.

Kaum hatte der König den Fuß auf das Deck gesetzt, als der „Donnerer" sich auf das Signal des Hochbootsmannes wie bei einem Feste beflaggte, und man eine Salve von einunddreißig Kanonenschüssen vernahm.

Das Gerücht hatte sich schon verbreitet, daß der König in Procida sei, und die Kanonade vom „Donnerer" her ver-

kündete dem Volke, daß er sich am Bord des Admiral-
schiffes befand.

Sogleich strömte eine ungeheuere Menschenmenge
auf dem Ufer von Chiaja, Santa-Lucia und Marinella zusammen. Zahlreiche Boote, welche mit Bannern in allen
Farben geschmückt waren, segelten aus dem Hafen, oder
stießen vielmehr vom Ufer ab, und ruderten zu dem englischen Geschwader hin, um den König zu begrüßen und ihn
willkommen zu heißen. Jetzt und während der König auf
dem Deck stand, von wo aus er durch ein Fernglas das
Castell San Elmo betrachtete, gegen welches, ohne Zweifel
ihm zu Ehren, die englischen Kanonen wütheten, zerschoß
ein englische Kugel zufällig die Stange der französischen
Fahne, welche auf dem Castell aufgesteckt war, als ob die
Belagerer diesen Augenblick berechnet hätten, um dem König dieses Schauspiel zu geben, welches er für ein glückliches Vorzeichen hielt.

Und wirklich zog man nicht die Tricolore, sondern ein
weißes Banner, also die Parlamentärsfahne, auf.

Das unerwartete Erscheinen dieses Symbols des Frie-
dens, welches für die Ankunft des Königs aufgespart worden zu sein schien, übte eine magische Wirkung auf alle Um-
stehenden aus, welche in Hurrahs und Beifallsrufe aus-
brachen, während die Kanonen des Castello d'Uovo, des
Castello Nuovo und des Castello del Carmine freudig die
Salven erwiederten, welche vom Bord des englischen Ad-
miralschiffes erdröhnten.

Bei Gelegenheit des Falles dieser Fahne sei es uns
gestattet, Domenico Sacchinelli, dem Geschichtschreiber des
Cardinals, einige Zeilen zu entlehnen, welche eigenthümlich

L

genug sind, um hier erwähnt zu werden, und überdies keineswegs unsere Erzählung unterbrechen werden.

„Wir wollen,“ sagt Domenico Sacchinelli, „in einem besonderen Abschnitt die eigenthümlichen Ereignisse des Zufalls erzählen, welche während dieser Revolution stattfanden.

„Am 23. Jänner zerschoß eine Kugel der Jakobiner, von San Elmo aus abgefeuert, die Stange des königlichen Banners, welches vom Castello Nuovo herabwehte, und der Fall dieses Banners entschied den Einzug der Franzosen in Neapel.

„Am 22. März fiel das Banner der Republik, von einer Haubitze getroffen, vom Castello Cotrone herab, und dieser Vorfall, welchen man für ein Wunder ansah, führte die Empörung der Besatzung gegen die Patrioten herbei, und erleichterte den Royalisten die Einnahme des Castells.

„Am 10. Juli endlich führte der Fall des französischen Banners, welches auf dem Castello San Elmo wehte, die Uebergabe desselben herbei.

„Und,“ fügt der Geschichtschreiber hinzu, „derjenige, welcher die Daten mit einander vergleichen wollte, würde sehen, daß alle diese Vorfälle, ebenso wie die wichtigsten, welche sich während des Unternehmens des Cardinals Ruffo ereigneten, immer Freitags stattfanden.“

Wenden wir jedoch die Blicke vom Castell San Elmo weg, auf welches wir sie noch mehr als einmal zu richten Gelegenheit haben werden, um einem Boote nachzuschauen, welches etwas oberhalb der Magdalenenbrücke vom Ufer abstößt, und ohne Flagge, stumm und ernst inmitten all' der belebten und beflaggten Boote dahinrudert.

Dieses Boot trägt den Cardinal Ruffo, welcher, statt der Huldigung, die er dem König zu seinem wiedereroberten Reiche darbringen sollte, ihn um die einzige Gnade anflehen will, die Verträge zu halten, die er in seinem Namen unterzeichnet, und seine königliche Ehre nicht durch Wortbrüchigkeit zu beflecken.

Hier findet sich nun wieder eine der Gelegenheiten, bei welcher der Romandichter sich gezwungen sieht, den Geschichtschreiber sprechen zu lassen, weil Thatsachen darzustellen sind, wo die Einbildungskraft nicht das Recht hat, zu dem unversöhnlichen Text des Historikers ein Wort hinzuzufügen.

Dann wolle der Leser sich auch erinnern, daß die Worte, welche wir hier anführen wollen, einem Buche entnommen sind, welches Domenico Sacchinelli 1836 herausgab, also inmitten der Regierung Ferdinands II., dieses Unterdrückers der Presse. Die Herausgabe dieses Buches geschah auch mit Erlaubniß der Censur.

Hier sind nun die eigenen Worte des ehrenwerthen Geschichtschreibers:

»Wähend man mit dem französischen Commandanten wegen der Uebergabe des Castells San Elmo verhandelte, begab sich der Cardinal an Bord des »Donnerers«, um den König mündlich zu benachrichtigen, was mit den Engländern bei der Capitulation des Castello Nuovo und des Castello d'Uovo vorgefallen sei, wie auch über das Aergerniß, welches die Uebertretung dieser Verträge hervorgerufen. Der König schien anfangs geneigt zu sein, die Capitulation zu beobachten und zu befolgen, doch wollte er nicht eher entscheiden, als bis ihm Nelson und Hamilton ihre Ansichten mitgetheilt.

»Beide wurden deswegen vor den König gerufen.

»Hamilton unterstützte die diplomatische Ansicht, daß Souveräne nicht mit ihren rebellischen Unterthanen Tractate schlössen, und erklärte, daß der Vertrag ungiltig sei, und nicht erfüllt zu werden brauche.

„Nelson suchte keine Ausflüchte zu machen. Er legte einen tiefen Haß gegen jeden Revolutionär und Nachahmer der Franzosen an den Tag, indem er sagte, daß das Uebel bis zur Wurzel ausgetilgt werden müßte, um neues Unglück zu verhüten, denn da die Republikaner hartnäckige Sünder seien, welche nicht bereuen könnten, so würden sie, sobald sich nur eine Gelegenheit darböte, noch schlimmere und traurigere Excesse begehen, und dann würde das Beispiel ihrer Straflosigkeit allen Uebelgesinnten zur Nacheiferung dienen.

„Und ebenso wie Nelson den Vorstellungen, welche der Cardinal im Augenblick des Vertrages gemacht, die Wirkung zu nehmen gewußt hatte, eben so gelang es ihm auch jetzt durch seine Ränke dieselben Absichten des Königs und dessen Wunsch, Gnade zu üben, welchen er einen Augenblick geoffenbart, zu lähmen."

So bestimmte denn der König, trotz der Bitten des Cardinals Ruffo, welcher ihn sogar fußfällig um Erhörung anflehte, nachdem er Nelson und Hamilton, diese beiden bösen Geister seiner Ehre, gehört, daß man die Capitulationen der Castelle d'Uovo und Nuovo für null und nichtig erklären sollte.

Kaum war dieser Entschluß gefaßt, so stieg der Cardinal, indem er das Gesicht mit seinem Purpurgewande verhüllte, wieder in das Boot, auf welchem er gekommen, begab sich in das Haus, wo man die Verträge geschlossen, und weihte diese Monarchie, die er soeben wieder eingesetzt, der vielleicht späten, aber sicheren Rache der göttlichen Gerechtigkeit.

Und an demselben Tage wurden die Gefangenen, welche man an Bord des „Donnerers" und der Felucken, welche sie nach Frankreich bringen sollten, zurückgehalten, ausgeschifft und je zwei und zwei an einander gefesselt, nach den Gefängnissen des Castello d'Uovo, des Castello Nuovo, des Castello del Carmine und der Vicaria gebracht.

Da die Gefängnisse jedoch nicht ausreichend waren — standen doch in den Briefen des Königs selbst achttausend Gefangene erwähnt — so wurden die, welche nicht in diesen vier Castellen untergebracht werden konnten, nach den Granili abgeführt, welche man in Aushilfegefängnisse verwandelt hatte.

Als dies die Lazzaroni sahen, dachten sie, daß mit dem König Nasone auch die Tage blutiger Feste wiedergekehrt seien, und demnach begannen sie von Neuem mit größerer Lust denn je zu plündern, zu sengen und zu morden.

Da wir es uns vom Anfange dieses Buches an zum Gesetz gemacht, keine der Gräuelthaten zu schildern, welche man zu dieser Zeit begangen, mochten sie nun aus der höchsten Höhe oder der tiefsten Tiefe stammen, ohne unsere Aussage auf authentische Documente zu stützen, so entnehmen wir die folgenden Zeilen den „Memoiren zur Geschichte der Revolutionen in Neapel".

„Der 9. und 10. Juli wurden durch Verbrechen und Schandthaten aller Art bezeichnet, welche zu schildern meine Feder nicht vermag. Nachdem die Lazzaroni ein großes Feuer vor dem königlichen Palast angezündet, warfen sie sieben Unglückliche, welche sie vor einigen Tagen gefangengenommen hatten, in die Flammen, und trieben die Grausamkeit so weit, daß sie die noch blutenden Glieder ihrer Opfer verzehrten. Der schändliche Priester Rinaldi rühmte sich ungeheuer an diesem scheußlichen Bankett theilgenommen zu haben."

Außer diesem Priester Rinaldi machte sich ein anderer Mann bei diesen Menschenfresser-Orgien bemerklich. Ebenso wie der Satan bei dem Hexensabbath den Vorsitz führt, so präsidirte er bei dieser schrecklichen Umstürzung aller Gesetze der Menschheit.

Dieser Mann war Gaetano Mammone.

Rinaldi verzehrte halb gebratenes Fleisch, Mammone trank das Blut sogar aus den Wunden. Der scheußliche

Vampyr hat einen solchen schrecklichen Eindruck in den Ge=
müthern der Neapolitaner zurückgelassen, daß noch heute,
heute, wo er seit mehr als fünfundvierzig Jahren todt ist,
kein Bewohner von Sora, das heißt in der Gegend, wo
er geboren ward, meine Fragen zu beantworten und mir
etwas von ihm zu erzählen gewagt hat. „Er trank Blut,
wie ein Trunkenbold Wein trinkt!" haben mir zehn Greise
gesagt, welche ihn kannten, und wirklich ist dies die einzige
Antwort, welche mir von zwanzig verschiedenen Personen
zu Theil geworden, die gesehen, wie er sich durch dieses
schreckliche Getränk berauschte.

Einer aber, von dem man erwartet, daß er wie wahn=
sinnig Theil an der Reaction nehmen würde, welcher aber
zum großen Erstaunen Aller, anstatt dies zu thun, im Ge=
gentheil voll Schrecken zu sehen schien, wie die Reaction
vorwärtsschritt, war Fra Pacifico.

Seit dem Morde des Admirals Francesco Caracciolo,
welchen er fast anbetete, hatte er gefühlt, wie eine seiner
Ueberzeugungen nach der anderen ihn verließ. Wie konnte
man einen Mann gleich einem Verräther und Jakobiner
hängen, welchen er dem Könige so treu hatte dienen sehen,
und welcher so muthig gekämpft?

Dann verursachte noch eine andere Thatsache dem
armen Fra Pacifico in seinem engherzigen, aber redlichen
Gemüth großen Kummer.

Wie kam es denn, daß der Cardinal nach so vielen
Diensten (Fra Pacifico wußte besser als sonst Jemand,
was er gethan), wie kam es denn, daß der Cardinal nicht
nur keine Macht mehr besaß, sondern sogar fast in Un=
gnade gefallen war? Und wie kam es, daß dieser Nelson,
ein Engländer, welchen Fra Pacifico als guter Christ in
seiner Eigenschaft als Ketzer fast eben so sehr verabscheute,
als er als guter Royalist die Jakobiner haßte, wie kam es,
daß dieser Nelson, welcher jetzt alle Macht besaß, richten,
verurtheilen und hängen durfte, wie er wollte?

Man wird gern zugeben, daß in diesen beiden That=

sachen schon genug Grund vorhanden war, selbst in einem
stärkeren Gehirn als in dem Fra Pacifico's Zweifel zu
erwecken.

So sah man den armen Mönch nur, wie wir bereits
gesagt haben, als einfachen Zuschauer bei den Heldenthaten
Rinaldi's, Mammone's und der Lazzaroni, welche dem Beispiel
dieser Beiden folgten. Als die Rohheit dieser Cannibalen-
horden zu groß ward, sah man sogar, wie Fra Pacifico
sich abwendete, und sich entfernte, ohne wie sonst den armen
Giacobino mit seinem Stocke zu schlagen. Wenn er zu
Fuß durch die Straßen irrte, in geheime Gedanken vertieft,
war der berühmte Lorbeerzweig, welcher früher als Keule
gedient, zum Pilgerstab geworden, auf welchen er sich
oft lange und nachdenklich mit beiden Händen und dem
Gesicht lehnte, als ob er von einer langen Reise ermüdet wäre.

Einige, welche diese Veränderung wahrgenommen,
und sich in Gedanken damit beschäftigten, behaupteten sogar
Fra Pacifico in eine Kirche treten, darin niederknien und
beten gesehen zu haben.

Ein betender Capuziner! Die, welchen man das erzählte, wollten es nicht glauben.

Sechzehntes Capitel.
Die Erscheinung.

Während man in den Straßen Neapels mordete,
feierte man im Hafen ein großes Fest.

Erstens wollte man, wie es die weiße Fahne, welche
man anstatt der Tricolore auf dem Castell San Elmo aufgezogen, angezeigt, da capituliren, und augenblicklich unter-
handelte der Oberst Majean mit dem Capitán Truebridge.
Ueber die Hauptsachen war man einig, und so kam es, daß
der König, welcher wenigstens that, als ob er sich um den

Cardinal kümmere, diesem gegen drei Uhr Nachmittags folgendes Billet schreiben konnte:

„Am Bord des „Donnerers«, den 10. Juli 1799.

„Eminentiffime!

„Ich benachrichtige Sie hiedurch, daß vielleicht heute Abends San Elmo unser sein wird, und ich glaube Sie zu erfreuen, daß ich Ihren Bruder Ciocio mit dieser glücklichen Nachricht sende. Ich werde ihn zugleich belohnen, wie es seine und Ihre guten Dienste verdienen. Richten Sie es so ein, daß er noch vor dem Ave Maria zur Abreise bereit ist. Bleiben Sie bei steter Gesundheit, und seien Sie versichert, daß ich stets bin

„Ihr wohlgeneigter

Ferdinand B.«

Francesco Ruffo hatte sich nicht lange in Neapel aufgehalten, denn am 9. Früh war er angekommen, und am 10. Abends reiste er wieder ab, aber der König,. welcher auf Nelson's und Hamilton's Berichte hin dem Cardinal mißtraute, sah es lieber, wenn Don Ciocio, wie er ihn nannte, sich in Palermo anstatt bei seinem Bruder aufhielt.

Don Ciocio, welcher nicht conspirirte, und niemals die leiseste Absicht, dies zu thun, gehabt hatte, war zur bestimmten Stunde bereit, und reiste nach Palermo ab, ohne Beobachtungen anzustellen.

Als er bei seiner Abreise um sieben Uhr Abends das Admiralschiff verließ, bereitete sich dort eine große Festlichkeit vor. Der König hatte den Bericht seines vertrauten Richters Speciale bei Seite gelegt, und unter den Personen, welche ihn auf dem Schiffe besucht und beglückwünscht hatten, eine Auswahl getroffen und Einladungen für den Abend vertheilt.

Es sollte nämlich ein Ball mit Souper am Bord des „Donnerers« stattfinden.

Wie man eine Hand umwendet, und gerade so, wie

wenn das Signal zum Gefechte sich hören läßt, wurden die Scheidewände des Zwischendecks beseitigt.

Jede Kanone ward zu einer Blumenlaube oder einem Erfrischungsbuffet umgestaltet und um neun Uhr Abends war das Schiff, welches von dem größten bis zu dem kleinsten Raaen illuminirt war, bereit, die Gäste zu empfangen.

Darauf sah man beim Scheine der Fackeln, gleich einer sich bewegenden Illumination, Hunderte von Booten vom Lande abstoßen, in welchen entweder die Auserwählten saßen, welche auf das Schiff geladen waren, oder Schmeichler, welche mit Musikanten kamen, um Serenaden zu bringen, während in den anderen Booten blos Neugierige saßen, welche kamen, um zu sehen, oder hauptsächlich, um gesehen zu werden.

Diese Boote waren mit eleganten Frauen überladen, welche von Blumen und Diamanten ganz bedeckt wurden, wie auch die Männer mit Orden besternt, und bunten Schärpen behangen waren. Alles dies hatte sich unter der Republik verborgen gehalten, und schien unter der Sonne des Königthums aus der Erde zu erstehen.

Doch war dies eine bleiche und traurige Sonne, welche am Morgen des 10. Juli aufgegangen, und über dampfendem Blute unterging.

Der Ball begann. Er fand auf dem Deck statt.

Diese sich bewegende Festung, welche vom Grund bis zur höchsten Spitze illuminirt war, im Winde Tausende von Flaggen entfaltete, und deren Tauwerk unter Lorbeerzweigen verschwand, bot einen zauberischen Anblick dar.

Am 10. Juli 1799 feierte Nelson dem Königthum dasselbe Fest, welches das Königthum ihm am 22. September 1798 gegeben hatte.

Wie jenes sollte auch dieses eine Erscheinung haben, welche aber noch schrecklicher, verhängnißvoller und düsterer als die erste sein sollte.

Um dieses Schiff, wo die Furcht mehr als die Liebe einen Hofstaat versammelt hatte, dem nur die wenigen Per-

sonen fehlten, welche dem Königthume nach Palermo gefolgt waren, einen Hofstaat, dessen schöne Herrin die Königin war, drängten sich, wie wir bereits erzählt haben,
mehr als hundert Boote, in welchen Musikanten saßen,
welche dieselben Melodien bliesen, wie das Orchester des
Schiffes, und welche, um so zu sagen, ein Tuch von Har-
monien über den Golf ausbreiteten, über welchem der Mond
im schönsten Lichte strahlte.

Neapel war wirklich an diesem Abende die Parthenope
des Alterthums, die Tochter der verweichlichten Cubôa,
und ihr Golf war wirklich der der Sirenen.

Bei den schwelgerischesten Festen, welche Cleopatra
dem Antonius zu Ehren gegeben, hatte der gestirnte Himmel
keinen schöneren Baldachin, das Meer keinen durchsichtige-
ren Spiegel und die Atmosphäre keinen duftigeren Hauch
gewährt.

Zwar verhallte von Zeit zu Zeit ein Schmerzens-
schrei derjenigen in der Luft, welche man erwürgte, inmitten
der Harfen-, Geigen- und Guitarrenklänge, welche eine Klage
der Wassergeister zu sein schienen; aber hatte man nicht
auch in Alexandria inmitten der Festtage das Seufzen der
Sclaven gehört, an welchen man Gifte probirt hatte? Um
Mitternacht gab eine Rakete, welche hoch am tiefblauen
Himmel von Neapel emporstieg, und ihre goldenen Funken
rings verstreute, das Zeichen zur Tafel. Der Ball hörte
auf, wenn auch die Musik nicht verstummte, und die gesellig
gewordenen Tänzer stiegen in das Zwischendeck hinab, zu
dem bis jetzt Schildwachen den Eintritt verwehrt hatten.

Wenn wir heute noch so sprächen, wie man es zu
jener Zeit zu thun pflegte, so würden wir sagen, daß Ko-
mus, Bacchus, Flora und Pomona ihre köstlichsten Schätze
auf dem »Donnerer« zusammengehäuft hätten. Französische, ungarische, portugiesische, Madeira, Cap- und Comthu-
reiweine funkelten in Flaschen von reinem englischen Krystall
und hätten nicht nur die Scala aller Farben, sondern auch
die aller Edelsteine geben können, von der Klarheit des Dia-

mantes an bis zum Roth des Rubins. Ganzgebratene Rehe
und Eber, Pfauhähne mit ihren Smaragd- und Saphir-
schweifen, Goldfasanen, welche ihre goldigen und purpurnen
Köpfe von der Schüssel emporrichteten, Schwertfische, welche
die Gäste mit ihrer Klinge bedrohten, riesenhafte Krebse,
welche in gerader Linie von denen abstammten, die Apicius
von Stromboli kommen ließ, Früchten von allen Sorten, Blumen aller Jahreszeiten füllten dicht gedrängt eine Tafel,
welche sich vom Bug bis zum Spiegel des ungeheuren
Schiffes erstreckte, dessen Länge unermeßlich war, da man
sie durch die ungeheuren Spiegel verhundertfacht, welche
an den äußersten Enden aufgestellt waren. Auf der Back-
bord- und Steuerbordseite des Schiffes, das heißt rechts
und links, waren alle Luken geöffnet, und an der Schanze
des Schiffes, zu beiden Seiten des Spiegels, öffneten sich
zwei große Thüren auf die elegante Gallerie, welche dem
Admiral zum Balcon diente.

Zwischen jeder Luke funkelten malerische und zugleich
kriegerische Ornamente, nämlich Trophäen von Musketen,
Säbeln, Pistolen, Picken und Enterbeilen, deren Eisen, so
oft von französischem Blute geröthet, den blendenden Glanz
von Tausenden von Kerzen wiederstrahlten, so daß es Son-
nen von Stahl zu bilden schien.

Wie auch Ferdinand an die verschwenderischen Gast-
mähler des königlichen Palastes der Favorita und von Caserta gewöhnt war, so konnte er sich doch nicht eines Aus-
rufes der Bewunderung enthalten, als er den Fuß auf
den Boden dieses neuen Speisesaales setzte

Die durch Tasso's Poesie besungenen Paläste der Ar-
mida boten nichts Feenhafteres, nichts Wunderbareres dar.

Der König setzte sich an die Tafel, ließ Emma Lyonna
zu seiner Rechten, Nelson zu seiner Linken und Sir William
ihm gegenüber Platz nehmen. Die Anderen wählten ihre
Plätze, je nachdem die Etiquette sie berechtigte, näher bei
dem Könige oder entfernter von ihm zu sitzen.

Als Alle Platz genommen, ließ Ferdinand den Blick

unsicher über diese doppelte Reihe von Gästen schweifen. Vielleicht dachte er daran, daß der, welcher das erste Recht hatte, bei diesem Feste zu sein, nicht nur abwesend, sondern sogar verbannt sei, und ganz leise sprach er den Namen des Cardinals Ruffo vor sich hin.

Ferdinand aber war nicht der Mann, welcher einem guten Gedanken in seiner Seele lange Raum gegeben hätte, besonders wenn mit diesem guten Gedanken der Vorwurf der Undankbarkeit verbunden war.

Er schüttelte das Haupt, das gewohnte schlaue Lächeln umspielte seinen Mund, und ebenso wie er nach seiner Flucht von Rom bei seinem Einzug in Caserta gesagt: „Hier befindet man sich wohler als auf der Straße von Albano!" eben so rieb er sich jetzt die Hände und sagte, indem er auf den Sturm anspielte, den er von seiner Flucht nach Sicilien an ausgehalten:

„Hier befindet man sich wohler als auf der Straße von Palermo!"

Röthe überzog bei diesen Worten Nelson's fahle, kränkliche Stirn. Er dachte an Caracciolo, an den Triumph des neapolitanischen Admirals während dieser Ueberfahrt, an die Beleidigung, die er ihm zugefügt, als er, als Lootse verkleidet, an Bord zu ihm gekommen war, und den „Vanguard" mitten durch die Klippen geführt, welche den Eingang zum Hafen von Palermo umstarren, Klippen, in welche Nelson sich nicht hineingewagt hatte, weil er in diesen schwierigen Regionen weniger bewandert war.

In Nelson's einem Auge flammte es zornig auf, dann träuselte ein Lächeln seine Lippen, wahrscheinlich ein Lächeln befriedigten Rachegefühls.

Der Lootse war dem Ocean verfallen, wo kein Hafen zu finden ist!

Zu Ende des Mahles spielten die Musikbanden das „God save the king", und Nelson erhob sich mit jenem unversöhnlichen englischen Stolz, welcher keine Etiquette beobachtet, und ohne daran zu denken, oder vielmehr ohne sich darum zu kümmern, ob ein anderer Souverän an seiner Tafel saß oder nicht, brachte er einen Toast auf den König Georg aus.

Wahnsinnige Hurrahrufe der englischen Officiere, welche an Nelson's Tafel saßen, wie auch die der Matrosen, welche auf den Raaen postirt waren, antworteten auf diesen Toast, und die Kanonen der zweiten Batterie krachten.

Der König, welcher unter einem gewöhnlichen Aeußeren eine genaue Kenntniß und besonders große Beobachtung der Etiquette barg, biß sich auf die Lippen, daß diese beinahe bluteten.

Fünf Minuten später brachte Sir William seinerseits einen Toast auf den König Ferdinand aus. Man brach wieder in Hurrahrufe aus, und auch ihm zu Ehren wurden Kanonen gelöst.

Der König Ferdinand wußte aber recht wohl, daß man die Ordnung der Toaste umgekehrt, und daß der erste eigentlich ihm gebührt hätte.

Dann dachte der König auch, daß er, da man aus den Booten, welche das Schiff umgaben, und welche sich besonders nach hinten drängten, wahnsinnige Beifallsrufe vernommen, seinen Dank zwischen den gegenwärtigen Gästen und denen theilen müßte, welche weniger glücklich, aber ihm deswegen nicht minder ergeben den „Donnerer“ umschwärmten

Er nickte daher zum Zeichen seines Dankes Sir William flüchtig zu, leerte sein halbgefülltes Glas, und ging dann auf die Gallerie hinaus, um die zu begrüßen, welche ihm aus Furcht, Ergebenheit oder Niedrigkeit dieses Zeichen des Mitgefühls geschenkt.

Sobald man den König erblickte, brach Alles in Beifallsrufe und Freudengeschrei aus; der tausendstimmige Ruf: „Es lebe der König!“ schien aus der Tiefe des Abgrundes bis zum Himmel emporzusteigen.

Der König verneigte sich, und begann die Hand zum

Munde zu führen, als er plötzlich innehielt, sein Blick er-
starrte, seine Augen aus den Höhlen zu treten schienen, das
Haar ihm zu Berge stieg, und ein heiserer Laut, welcher
Erstaunen und Schrecken zugleich ausdrückte, sich seiner Brust
entrang.

Zu gleicher Zeit entstand große Bewegung anf den
Barken, welche sich rechts und links entfernten, so daß ein
großer leerer Zwischenraum entstand.

Inmitten dieses Zwischenraumes erhob sich aus dem
Wasser bis zum Gürtel der schreckliche Leichnam eines
Mannes, in welchem man, trotz des mit Seegras bedeckten,
an den Schläfen klebenden Haupthaares, trotz des struppi-
gen Bartes, trotz des schwarzblauen Gesichts den Admiral
Caracciolo erkannte

Die Rufe: „Es lebe der König!" schienen ihn vom
Meeresgrunde, wo er seit dreizehn Tagen schlief, emporge-
lockt zu haben, damit er sein Rachegeschrei mit den Rufen der
Schmeichelei und Feigheit vereinigen könnte.

Der König hatte ihn sogleich erkannt, wie dies auch
von allen Anderen geschehen war. Deswegen war Ferdinand
mit gehobenem Arm, starrem, verstörtem Blick und röcheln-
dem Schreckensruf stehen geblieben, deswegen hatten sich
alle Boote zugleich und hastig entfernt.

Ferdinand wollte einen Augenblick die Wirklichkeit
dieser Erscheinung in Zweifel ziehen, aber vergebens; der
Leichnam, welcher der Wellenbewegung des Meeres folgte,
neigte sich vorwärts und richtete sich wieder auf, als ob er
den hätte grüßen wollen, welcher ihn vor Entsetzen stumm
und unbeweglich anblickte.

Nach und nach aber gewannen die erstarrten Nerven
des Königs wieder Leben, seine Hand zitterte so, daß er
das Glas fallen ließ, welches zerbrach, und bleich, bestürzt,
keuchend kehrte er zurück, indem er das Gesicht in den Händen verbarg und ausrief:

„Was will er? Was verlangt er von mir?"

Bei dem Rufe des Königs, bei dem Schrecken, welcher

fich in feinen Zügen malte, erhoben fich alle Gäfte entfe
und da Alle vermutheten, daß der König von der Galle
herab etwas Graufiges gefehen haben müßte, fo liefen
hinaus.

In demfelben Augenblick entfchlüpfte Allen wie a
einen elektrifchen Schlag ein Ausruf, welcher alle Herz
mit Entfetzen erfüllte:

„Der Admiral Caracciolo!‘

Und bei diefen Worten fank der König in einen Seffe
indem er wiederholte:

„Was will er? Was verlangt er von mir?“

„Daß Sie ihm Verzeihung feines Verrathes gewäh
ren, Sire,“ erwiederte Sir William, der fogar einem be
ftürzten König und einem drohenden Leichnam gegenüber
Höfling blieb.

„Nein,“ rief der König, „nein, er will etwas Anderes! er verlangt etwas Anderes!“

„Ein chriftliches Begräbniß, Sire,“ murmelte der
Caplan des „Donnerers“ dem Könige in’s Ohr.

„Er foll es erhalten!“ erwiederte der König, „er foll
es erhalten!“

Dann taumelte er die Treppe hinunter, ftieß fich in
der Eile an den Wänden des Schiffes, und als er fein Zimmer erreicht hatte, fchloß er die Thür hinter fich zu.

„Harry, nehmen Sie ein Boot, und fifchen Sie diefes
Aas wieder heraus,“ fagte Nelfon mit derfelben Stimme,
mit welcher er befohlen haben würde: „Das große Mars-
fegel aufgezogen!“ oder: „Das Befanfegel gebraßt!“

Ende des dreizehnten Theiles.

www.ingramcontent.com/pod-product-compliance
Lightning Source LLC
Chambersburg PA
CBHW030557040726
47497CB00008B/2769